作者像

于鲁·瓦尔克（Ülo Valk），民俗学博士，爱沙尼亚塔尔图大学（University of Tartu）爱沙尼亚语与与比较民俗学系教授，塔尔图大学文学与比较民俗学系原系主任。国际叙事学会原副主席（ISFNR）。芬兰科学院专家，兼任《印度民俗学》杂志编委等多种国际职务。曾在印度阿萨姆邦长期从事田野作业。主要研究领域为民间宗教与民俗体裁理论、文化与社会、对话理论等，代表作有《黑衣绅士：爱沙尼亚民间宗教中的魔鬼现象》（FFC 276，赫尔辛基：2001）等。

［法］金丝燕　董晓萍　主编

“跨文化研究”丛书（第二辑）

信仰　体裁　社会

——从爱沙尼亚民俗学的角度分析

［爱沙尼亚］于鲁·瓦尔克（Ülo Valk）　著

董晓萍　译

中国大百科全书出版社

图字：01-2016-9562

图书在版编目（CIP）数据

信仰　体裁　社会：从爱沙尼亚民俗学的角度分析／(爱沙尼亚）于鲁·瓦尔克著；董晓萍译．—北京：中国大百科全书出版社，2017.6

(跨文化研究丛书)

书名原文：Believe,Genre,Society:From the perspective of Estonia Folkloristics

ISBN 978-7-5202-0092-9

Ⅰ．①信… Ⅱ．①于… ②董… Ⅲ．①民俗学—研究—爱沙尼亚 Ⅳ．① K895.116

中国版本图书馆 CIP 数据核字（2017）第 115557 号

项目统筹　郭银星
策　　划　李　静
责任编辑　于淑敏
封面设计　程　然
责任印制　魏　婷
出版发行　中国大百科全书出版社
地　　址　北京市阜成门北大街 17 号　　**邮政编码**　100037
电　　话　010－88390969
网　　址　http://www.ecph.com.cn
印　　刷　北京汇瑞嘉合文化发展有限公司
开　　本　787 毫米 ×1092 毫米　1/32
印　　张　5
字　　数　77 千字
印　　次　2017 年 6 月第 1 版　2017 年 6 月第 1 次印刷
书　　号　ISBN 978－7－5202－0092－9
定　　价　32.00 元

教育部人文社会科学重点研究基地重大项目
跨文化视野下的民俗文化研究
（项目批准号：16JJD750006）

爱沙尼亚教育与研究部项目
“传统、创新与社会：少数民族与他者的对话”
（项目批准号：JUT2-43）

教育部人文社会科学重点研究基地
北京师范大学民俗典籍文字研究中心

资 助 出 版

“跨文化研究”丛书
编辑委员会

总　序

本丛书属于教育部十三五规划“高校人文社会科学重点研究基地重大项目”，由教育部人文社科重点研究基地北京师范大学民俗典籍文字研究中心承担执行。

跨文化学发端于北京大学，学科奠基人是乐黛云先生，乐先生同时也是我国比较文学专业的开创者，以往我国跨文化研究的成果也大都集中于这个领域。在法国，由新一代汉学家金丝燕教授领衔，已经开展跨文化学科建设多年。北京师范大学跨文化学学科建设之不同，在于将跨文化学由原来的比较文学研究向以中国文化为母体的多元文化研究全面推进，让这门吸收世界前沿学问并提倡平等对话的学科在中国本土扎根更牢，同时也让中国文化研究成果通过跨文化的桥梁交流于世。这种学科的转向是经过长期准备的。

北京师范大学近年连续举办了“跨文化学研究生国际课程班”一级平台教学课程，乐黛云先生、法国顶级汉学家汪德迈先生、中国传统语言文字学家王宁先生和民俗学家董晓萍教授等联袂教学，将跨文化研究向传统语言文字学和民俗学等以使用中国思想材料为主的学科推进，促进多元文化研究与跨文化学建设的整体关联理论付诸实践。令人欣喜的是，此观点得到了加盟此项目的海外汉学家的一致响应，因此，这套丛书的性质，也可以说，是在这批中外教授的共同努力下，在他们以跨文化为视野和从中外不同角度研究中国文化的学术成就中，在经过中外师生对话的教学实践后，所精心提炼的一部分研究成果。

与开拓跨文化学学科一道，我们同步进行了跨文化学研究生的培养工作，此项工作得到了北京师范大学研究生院的大力支持。我们希望通过这种双向推进，为跨文化学理论和方法论的建设积跬步之力，也为中外高校跨文化学研究生的高级人才培养履行社会责任，希望这套丛书的出版能够帮助我们接近这个目标。

“跨文化研究”丛书编辑委员会

2016 年 10 月 27 日

目 录

插图目录

前　言

民俗学作为一门学问，19 世纪诞生于欧洲。当时欧洲很多国家都在发生变化：传统社会似乎走到了尽头，保守的农村生活开始转向现代化、工业化和城市化，以往处于政治统治与殖民压迫下的民族纷纷争取独立解放，建设自己的新国家，欧洲经历了一个前所未有的历史过程，一个新时代正在开始。爱沙尼亚也不例外。1918 年，爱沙尼亚共和国宣告成立；1919 年爱沙尼亚塔尔图大学设立了爱沙尼亚语与比较民俗学的教席；1927 年，位于塔尔图大学的爱沙尼亚民俗档案馆正式成立，使这座北欧最古老大学（1632 年创建）的学术文化遗产得到了有效的保护和利用。

进入 20 世纪以后，爱沙尼亚民俗学继续得到发展，包括 50 年代前后划归苏联的时期，1991 年脱离苏联后的独立时期，2004 年加入欧盟时期。通过坚持不懈的努力，爱沙尼亚民俗学者为本国民俗学增加了新的学术积累。

近 25 年来，爱沙尼亚民俗学迎来了新的历史机遇，就是改变从前民俗学的一国研究模式，转向了国际化的民俗学研究。民俗学者还打破学科界限，与相邻学科宗教学、人类学、民族学和文艺学等加强对话，本书正是突破传统民俗学模式和学科疆界的一种尝试。

承蒙董晓萍教授的邀请，我曾有机会两次访问北京师范大学，拜访这座中国民俗学重镇和民俗学国际交流中心。董晓萍教授还将我在北师大讲学的全部英文讲稿翻译成中文，以扩大两国高校民俗学之间的了解，对此我表示衷心的感谢！当然我们还会为两国民俗学的理论建设和学科发展而继续加强国际联系。目前，在塔尔图大学，民俗学者和民族学者正在联手筹建“民俗学与应用遗产学”硕士研究生项目，计划于 2017 年秋季启动。这个项目是对原有爱沙尼亚语民俗学硕士研究生培养计划加以发展，增加了英文授课，面向国际招生，旨在促进民俗学国际化人才的培养，可以肯定地说，我们真诚地期待中国研究生的到来。

第一节 民俗学的基本概念

一、民　俗

“民俗”的概念是在两种理念的基础上形成的，一是启蒙主义思想，二是18世纪的历史哲学。这两种思想最早出现在维柯（Giambattista Vico，1668—1744）和赫德尔（Johann Gottfried von Herder，1744—1803）的著作中。赫德尔是德国浪漫主义运动的奠基人之一，他的思想后来被格林兄弟所继承和发展，格林兄弟也因此一举成名。格林兄弟再通过他们自己的著作，使民俗研究成为一门学科，民俗学的学科建设也从此迈出了关键的一步。

1846年，英国文物学者汤姆森（William Thoms）提出了“民俗”一词，不过他的“民俗”一词的含义指古老的文化事象，包括“礼仪、风俗、行为惯制、迷信、歌谣和谚语，等等”[1]。在当代民俗学中，这个概念已失去了吸引力，当代民俗学者更倾向于将民俗界定为本土的创造性文化，但通过传统的形式加以再现。

当代民俗学更注重的研究对象不是民歌，而是民歌的演唱；不是故事，而是故事的叙事；不是静态的文本记录，而是动态的文本实践。以往民俗学曾将民俗事象文本化，再将文本转成文本的实体，这种做法虽然没有丧失文本的重要性，但当代民俗学更关注民俗的非文本化部分。当代民俗学者认识到，民俗的主要含义存在于它与社会功能的联系之中，如果不具备民俗史、民族和地区的有关知识，是无法了解民俗的。

二、传　统

对民俗学来说，“传统”是一个十分关键性的概念。长期以来，“传统”被用来描写无文字社会，或者前文字

[1] Alan Dundes,ed. *International Folkloristics: Classic Contributions by the Founders of Folklore.* Lanham, Boulder, Oxford, New York: Rowman and Littlefield Publishers, Inc. 1999, P11.

社会的文化事象。在那些社会中，知识、规矩和社会组织等都被保存在记忆中，在口耳相传的活动中传承。❶在欧洲启蒙思想运动和文化进化论的思潮中，“传统”的概念又被与落后、野蛮和无文明社会的概念联系在一起。在某些场合，“传统”还被解释为无用的、累赘的、阻碍社会进步的障碍物。❷但在伊雷克・霍伯斯勃姆（Eric Hobsbawm）和特伦思・兰格（Terence Ranger）出版了他们的重要著作《传统的发明》（*The Invention of Tradition*, 1983）之后，人们改变了看法。学者们意识到，很多所谓的“传统”貌似古老，却原来是新近的发明。后发明的东西有时也能成为某种标识，与文化认同的概念粘连在一起。❸

皮亚提・安东尼（Pertti Anttonen）在《穿过现代的传统》（*Tradition through Modernity*，2005）一书中指出，

---

❶ Ben-Amos, Dan 1984. *The Seven Strands of Tradition: Varieties in Its Meaning in American Folklore Studies*. *Journal of Folklore Research*, Vol. 21, No. 2/3: 97-131.

❷ Lauri Honko, *Traditions in the Construction of Cultural Identity and Strategies of Ethnic Survival.* In European Review, 1995,Vol. 3, No. 2,P131.

❸ Lauri Honko, *Traditions in the Construction of Cultural Identity and Strategies of Ethnic Survival.* In European Review, 1995, Vol. 3, No. 2, P132.

"现代"与"传统"看上去矛盾，其实有内在的统一性。今天人们谈论的现代性和现代主义概念，是可以从"传统"中找到渊源联系的，因而"传统"只是在表面上与现代性相左，其实是现代性的差异面。[1]

"传统"的概念还有其他多种含义，如"做文化之外的材料"[2]。在民俗学者看来，最重要的工作，是要记录"被研究的"传统共同体中的人们，正在被他们自己的文化遗产纳入"传统"的过程。[3]"如果共同体中的传统的一部分被抽取出来，当作文化沟通的现象加以再现，那么其他一系列的认同，包括价值观、符号和人们的情感等，就会接踵而来"[4]。在某种情况下，"传统"还会被表述为一种认同的情怀，一个在自我与他者的关系中被加

---

[1] Pertti J.Anttonen, *Tradition through Modernity: Postmodernism and the Nation-State in Folklore Scholarship. Studia Fennica Folkloristica* 15. Helsinki: Finnish Literature Society. 2005, P33。

[2] Lauri Honko, *Traditions in the Construction of Cultural Identity and Strategies of Ethnic Survival.* In European Review, 1995,Vol. 3, No. 2, P134.

[3] Lauri Honko, *Traditions in the Construction of Cultural Identity and Strategies of Ethnic Survival.* In European Review, 1995,Vol. 3, No. 2, P133.

[4] Lauri Honko, *Traditions in the Construction of Cultural Identity and Strategies of Ethnic Survival.* In European Review, 1995,Vol. 3, No. 2, P133.

以强调的东西等。[1] 这时的认同就成为将把外来因素加以文化地结构起来的工具，有时也能造成共同体的拆分。

三、体裁与分类

民俗学学科建立之初，体裁（genre）就已经成为民俗学的一个基本概念。人们曾把民歌等韵文类作品划为一类，把魔法故事或文化英雄传说等散文类作品划为另一类，这就是早期对民俗事象做的分类。民俗学者也曾对民俗性质加以分类，例如，指出民俗的变异性及其在非正式渠道的传承等性质。民俗学者还对一些基本的体裁分类术语加以命名，例如，史诗、神话、笑话、谚语、谜语和其他各种表现形式。

在两个层面上，体裁分类可以被概念化：一是民族志分类（被用来识别传统的边界），一是概念分析层面（被学者用来界定民俗事象）。从历史上说，体裁分类，

[1] Lauri Honko, *Traditions in the Construction of Cultural Identity and Strategies of Ethnic Survival.* In European Review, 1995,Vol. 3, No. 2, P140.

曾经是资料分类的重要工具，曾为海量文本信息构建了一个可查询的秩序。现代社会更重视信息化建设，在这种情况下，体裁分类又经常被界定为创造或接受某种对话的框架。它也有时被界定为某种可预期的远景、可感知的世界或世界观等。❶ 在这一派看来，在认识社会现实上，其实有不同的思维方式，那些幽默的体裁分类，如笑话和模仿他人行为的滑稽故事等，是一种思维方式；而那些超自然传说和魔鬼学等，则建构了另外一种思维方式。

结　论

民俗，经常在个体层面上执行，在个体记忆中保存，但民俗终究是集体共享的传统，如果读者能够接受阐释学的原则的话，便可以进一步理解，文化是被文本化的过程延续着；与此同时，文本也被文化化的过程延

❶ Bakhtin, Mikhail; Medvedev, Pavel. N. *The Formal Method in Literary Scholarship. A Critical Introduction to Sociological Poetics*. Baltimore and London: The Johns Hopkins University Press. 1991,P133。

续着。[1] 从这个角度说，文本与语境的关系始终是民俗学研究的关键。

迄今为止，对民俗表演的研究或对表演文本的研究还都不够充分，但同时对民俗（及其传统）的历时研究也到了一个关键时刻，民俗学者还要考虑对民俗的社会功能开展研究。

当代民俗学者更倾向于作地方传统、小社区和非正式信息（如因特网）的深描研究，这是几十年前已开始的一种共时研究；因此还可以说，在现代社会，共时研究与历时研究正在趋于平衡状态。

---

[1] Richard Bauman, *The Philology of the Vernacular*. In Journal of Folklore Research, 2008.,Vol. 45, No. 1. P29-36.

第二节
爱沙尼亚民俗学史

引言：早期民俗学史

爱沙尼亚于13世纪被德国和丹麦统治，成为基督教国家，也正是从这时起，爱沙尼亚与欧洲文明和西方基督教文化发生了联系，而与东邻俄国的东正教出现了分野。中世纪以后，爱沙尼亚产生了社会分层。在与德国交界的地带，生活在那里的德国人以自己是日耳曼种族和讲波罗的语而自视为优越人种，成为地主阶级。当地的爱沙尼亚人成为农民，常年给地主耕种土地。到了17世纪，爱沙尼亚又变成了瑞典王国的附属国，但就在这一时期，爱沙尼亚各基督教社区也全面受到马丁·路德宗教改革运动的影响。

1632年，首个研究爱沙尼亚农民的学派在塔尔图大学的古斯塔夫斯学院成立。1700 年，俄国沙皇彼得大帝对瑞典宣战，发动了北欧战争，战争打破了爱沙尼亚国土的平静，并终于 1721 年被俄国占领，从此爱沙尼亚又沦为俄国的殖民地。不过讲波罗的语的德国地主们还保留着对当地政治和文化上的支配权。在这些德国人看来，爱沙尼亚农民是愚昧无知、不思忧虑的“他者”。那时爱沙尼亚民俗的价值，包括民众知识和风俗习惯，仅在于可以成为研究文献而已。

18 世纪下半期，早期启蒙思想家之一奥古斯特·威廉姆·霍佩耳（August Wilhelm Hupel，1737—1819）出版了一部主要著作《利沃尼亚与爱沙尼亚地理历史概况（1774—1782）》，书中记述了爱沙尼亚风俗和信仰。在他看来，爱沙尼亚农民的性格是古怪的、没有理性的，与古老的未开化人种没有什么差别，类似非洲人和北美印第安人。他还写道，爱沙尼亚农民的生活条件艰苦，对基督教一无所知，思想迷信，巫婆和巫师到处横行。但也正是这位霍佩耳，在戴着当时学者普遍都戴的有色眼镜旁观爱沙尼亚农民的同时，也介绍了启蒙主义思想的一些典型观点，这些观点后来被文学界反复使用。他同时做了另一件工作，就是把民歌记录资料文献化。他还把这种本子寄给赫德尔（Johann Gottfried von Herder），赫德尔将它们收入自己的那部著名的《民歌集》中出版，以后又收入《民歌中的农民之声》一书中再度出版，这就让爱沙尼亚农民的歌声飞出国界，成为让更广阔的国际社会倾听的第一批出版物。

赫德尔是德国浪漫主义运动的鼻祖之一，他对于“民众”和民间诗歌的热爱与钟情，感染了生活在爱沙尼亚的德国知识分子。他们崇信赫德尔的学说，沉醉于浪漫主义思潮，热情地从爱沙尼亚民众中搜寻古老的口头遗产。现在我们看这段历史，可以看到一种变化，即从19世纪中叶起，外界对爱沙尼亚人和爱沙尼亚农村文化的态度发生了转变，人们不再说爱沙尼亚农民迷信、愚昧、未开化，而是说他们拥有丰富的文化遗产，他们创造的爱沙尼亚民俗值得去发现和研究。在此以后发展起来的爱沙尼亚新文学中，民俗成为核心要素。

启蒙主义与浪漫主义，虽然各有自己的理论形态，各有思想运动的目标，但在爱沙尼亚早期民俗学形成过程中，两者都发挥了重要作用。

一、19 世纪中期的发展：爱沙尼亚史诗

19 世纪初叶，讲波罗的海德语的德国学者嘉莱伯·荷尔文格·马克（Garlieb Helwig Merkel，1769—1850）成为主张捍卫爱沙尼亚农民权利的激进派人物。他甚至提出了废止农奴制的倡议。他称赞爱沙尼亚农民保留了祖先的传统，保持着对祖先时代自由生活的美好记忆。在自己的著作中，他描绘了爱沙尼亚前基督教时代的理想思想形态和社会生活的图景轮廓。他的这些观念和行动很快得到响

图 1　塔尔图大学（University of Tartu）是爱沙尼亚民俗学学科的发祥地，此为 19 世纪塔尔图大学的主楼建筑群（塔尔图大学图书馆馆藏，绘图者不详。）

应。一批爱沙尼亚学者站了出来，他们毕业于塔尔图大学，是当时爱沙尼亚知识界的翘楚。他们追随嘉莱伯 · 荷尔文格 · 马克的学说，接下来发起了一些学术活动。

北方战争打响后，这一学派的活动停止，直到 1802 年德语成为爱沙尼亚学校教育用语时才恢复。在这一时期，爱沙尼亚涌现了一位杰出的诗人柯里斯简 · 雅克 · 皮特森（Kristjan Jaak Peterson，1801—1822），他毕业于哲学和神学专业，发表了许多使用神话传说素材写作的著名诗篇。他在《月亮》一诗中发问，是不是爱沙尼亚语就不能升入天界而永恒续存？他在另一篇题为《歌手》的驰名诗作中插入自己创造的一幅绘画，画中有一位强大的游吟诗人被“海中巨石般”静默的人们围绕着，人们在全神贯注地听他演唱。柯里斯简 · 雅克 · 皮特森将柯里斯弗里得 · 甘纳得的《芬兰神话》从瑞典语译成德语发表。他的这种做法，使介绍芬兰民俗的学术工作成为理解爱沙尼亚古老文化遗产的一个重要因素。柯里斯简 · 雅克 · 皮特森还在《芬兰神话》中补入了爱沙尼亚神话，这样就产生了爱沙尼亚民俗与芬兰民俗比较研究的资料。

上面提到，自嘉莱伯 · 荷尔文格 · 马克起，已宣称民族权利平等，爱沙尼亚农民本来是自己国家的主人，却受德国地主的压迫，这是一种本末倒置的历史。在俄国沙皇一世统治爱沙尼亚时期，爱沙尼亚农民的权益有所改善，从被奴役的状态下解放出来。1816 年，爱沙尼亚南方首次出现农民解放运动，经过三年的时间，到了 1819 年，这场运动波及到爱沙尼亚北方，最终爱沙尼亚全境农民获得解放，赢得了自由的生活，从此爱沙尼亚再没有掠夺和剥削农民的社会现象。1838 年，爱沙尼亚资深学者学会在塔尔图大学成立，该会进一步开展搜集和研究爱沙尼亚民族民俗、语言和文学知识的工作。正是在这一阶段，爱沙尼亚人也将国家的概念和国土的疆域边界确定下来。

1839 年，在爱沙尼亚资深学者学会的一次会议上，讲波罗的海德语的德国学者乔治·朱利亚·伯特伦（Georg Julius von Schultz-Bertram，1808—1875），从修辞学的角度发表了一篇历史性的演讲，提出了爱沙尼亚人的未来问题。他说："我们应该相信人民有未来吗？还是说不？所谓的未来，是否代表着一种很可能发生的倾向，那就是爱沙尼亚将被两个强大的邻国逐渐吞并？如果是这样，那么我们有什么必要去支持一个行将衰落的未来？"而在此之前，将爱沙尼亚农民德国文明化，曾被视为建立爱沙尼亚国家文明的基本条件。然而，在这次会议上，伯特伦提出了颠覆以往殖民偏见的新观点，他的回答是：“不！我认为，真正的权力掌握在爱沙尼亚人民的手中，怎样走向未来的核心要素存在于爱沙尼亚人民长期的社会历史实践中。需要转变的正是学者自己。我们根本无须用贵金的眼光去衡量爱沙尼亚的国家文明，如同我们没有必要拿德国黄金与爱沙尼亚的国家文明相比。也许，爱沙尼亚的国家文明就是一种黄铜，但它同样坚硬而闪亮，它不会、也没必要变成别人的贵金或铁。”

继这位讲波罗的海德语的德国重要学者之后，又有一批德国民族志学者站了出来。他们曾在塔尔图大学受到良好的教育，是爱沙尼亚资深学者学会的活跃成员。在他们中间，弗里德曼·罗伯特·法尔曼（Friedrich Robert Faehlmann，1798—1850）值得一提。他是一位作家兼药剂师，曾于1839年爱沙尼亚资深学者学会的一次会议上发表学术讲演，他研究爱沙尼亚神话英雄卡列维伯格（卡列维之子）的传说。该传说提供了一部形成过程中的史诗的若干基干，他的贡献是构建了这个史诗的整体框架。对于爱沙尼亚文学来说，他还有一个更伟大的贡献，就是使用爱沙尼亚民间文学母题编纂了一部充满浪漫主义色彩的《爱沙尼亚传说集》，德文版，1840

年出版。通过这本书，我们能看到他对爱沙尼亚古代遗产在后世传承中的神话文本的认识。该著一经出版，就受到了讲波罗的海德语的德国学者和海外读者的广泛赞誉，后来被多次翻译和大量重印，并被纳入爱沙尼亚学校教育的教材之中。他所使用的神话素材，取自爱沙尼亚文学的一些名著，但他也根据自己想象的爱沙尼亚古老信仰，将这些分散的神话素材构建成一个创世神话的叙事框架。当然，他自己解释说，他准确翻译了爱沙尼亚口头遗产。在这个有关卡列维伯格的创世神话中，有一座名叫多姆的山峰，位于塔尔图境内，被认为是世界的中心，同时也是远古时期天庭的中心，那里住着歌神瓦涅米，他来到人间，教会人们歌唱。后来，地上的人口增加了，原来的聚居地变小了，上帝阿尔瓦特就决定把人类疏散到世界各地，这样原来住在一起的人们就被分开了。上帝还给每个人确定了不同的风俗、姓名和语言，以便彼此区分。爱沙尼亚所得到的是上帝自己的语言，弗里德曼·罗伯特·法尔曼写道："爱沙尼亚人荣幸地成为上帝创造的上帝语言的最早的子民。"我们知道，在弗里德曼·罗伯特·法尔曼的时代，爱沙尼亚人并未获得应有的社会地位，也不会被邻国的德国人认为拥有这样无与伦比的语言文明，他是扭转乾坤的人，由于他的学术努力，爱沙尼亚语一度被神化了。其实，后来又过了很久，直到 19 世纪末，爱沙尼亚语才成为建立国家认同的重要基石。还需要说明的是，在弗里德曼・罗伯特・法尔曼时代，爱沙尼亚语与德语的语言边界是与两国的社会边界相对应的，讲两种语言的人们也仍维持着中世纪以来的社会分层，即讲德语的为精英阶层，讲爱沙尼亚语的为底层阶层。

弗里德曼・雷霍德・柯卢兹沃德（Friedrich Reinhold Kreutzwald，1803—1882），是诗人、作家、医师，爱沙尼亚资深学者学会成员，在 1850 年弗里德曼・罗伯特・法尔曼辞世后，他接任了编辑《卡列维伯格》史诗的重任。在他的主持下，最早的一个学术性版本于 1857—1861 年面世，为爱沙尼亚语和德语的双语对照本。他在编写这部史诗时，使用了早期民俗搜集者的手稿，这些手稿大都由散文叙事的片段组成，而他是个充满创作激情的诗人，他决定模仿民歌的形式，将原来接近散文化的史诗写成民间诗歌化的长篇韵文。他在自己这本书的封面上创作了一个颇有寓意的书名，叫《一个古老的爱沙尼亚故事》，他将这本书看作是全体爱沙尼亚人民的遗产。

现在需要简要介绍爱沙尼亚史诗《卡列维伯格》的内容。这是一个历史化的叙事文本，讲的是前基督教时代的爱沙尼亚故事和社会生活。那是在13世纪之前的时代，德国人和丹麦人还没有侵占爱沙尼亚。在弗里德曼·雷霍德·柯卢兹沃德的笔下，神话主人公卡列维伯格是一位古代统治者，一位理想王国的贤明君主。他睿智勤政，治国有方，神勇无敌。作者在史诗的写法上，将神话传说与爱沙尼亚的地理历史景观描述相结合。经他的改编，多姆山的山峰就位于爱沙尼亚首都塔林，这里有卡列维伯格的父王（老“卡列维”）的陵寝。陵寝墓室的入口在爱沙尼亚中部的匹里斯特沃教区。卡列维伯格正是由此入口，进入陵寝的地宫，找到了宿敌老尼克的藏身地，将他打败，并用铁锁链将他永远锁在这里。根据弗里德曼·雷霍德·柯卢兹沃德的史诗版本，神话主人公卡列维伯格已转为中世纪基督教传说中耶稣基督的角色。他的这部史诗的初版于1861年出版并流行开来。他在《序言》中强调，这部史诗对于基督教的传播有启蒙价值。应该说，弗里德曼·雷霍德·柯卢兹沃德将基督教和浪漫主义思想杂糅在一起进行创作，这也成为该史诗版本的一个特点。同时，经过他的创作，爱沙尼亚人民在史诗中也成为国家的真正主人，他们拥有有尊严的历史，在社会变迁上有光荣的奋斗历程。事实上，这部史诗也被公认为是爱沙尼亚人的有尊严的历史。凡是读过它的读者都会感到，作者的出场与神话主人公卡列维伯格的出场相伴随，并从头到尾贯穿始终。整个史诗回荡着作者深切有力的声音。史诗以祈祷仪式开场，然后进入歌神瓦涅米的新神话歌曲中，接着是歌神瓦涅米登场，又将作者与古老的游吟诗人传统联系起来，并带着作者走近爱沙尼亚人祖先时代的智慧长河。这部史诗是与芬兰史诗《卡勒瓦拉》有明显区别的。

到 19 世纪末，拥有古代独立身份说法的爱沙尼亚浪漫主义作家的文本，与将卡列维伯格视为民族英雄的说法，已变得非常重要。在这种思潮背后的原因，是当时关于爱沙尼亚国家民族统一的看法已获得了巨大的社会重要性。这时爱沙尼亚史诗开始发挥它的构建现代国家民族的力量。围绕这一学术思潮开展的学术活动，也使爱沙尼亚文学著作获取了最有价值的地位，堪比《圣经》。应该说，能够产生这样巨大的变化，在很大程度上，应归功于弗里德曼·罗伯特·法尔曼及其弟子弗里德曼·雷霍德·柯卢兹沃德的浪漫的想法，他们根据经典神话，重构了爱沙尼亚国家神话中的万神殿，使之重新复兴。

自19世纪起，爱沙尼亚民间宗教吸收了基督教的基本教义，将之与原有自然崇拜的精灵信仰和相关的生死观混合在一起。但新的神话文本依然受到重视，主要关注点有：在基督教进入爱沙尼亚之前的时代初民对神话的创造和对古代英雄生活的想象；国家万神殿的新知识的产生，并借助通俗文学进行传播，再对口头传统发生影响。到了19世纪晚期，爱沙尼亚民俗中的口头性和文学性两种传承继续交叉互渗，爱沙尼亚民俗不再使用纯口头的，或者未被印刷文字污染或瓜分的那种民俗遗产的概念去界定，而是根据民俗的实际发展扩大了内涵。在这之后，国家神话也相继出现，为爱沙尼亚人提供了一种想象的遗产观，正是这种遗产观推动了爱沙尼亚国家的建立。

二、民俗资料档案化

爱沙尼亚搜集本国民俗和撰写与民俗文献的大规模

运动始于 19 世纪的最后 20 年。

1888 年，一位牧师，雅各布 · 霍特博士（Jakob Hurt，1839—1907），向全国各报纸的读者发出倡议，请他们将所在地区的故事写下来。这是整个社会都在转向现代化进程的时代，其标志是城市化、工业化、商业革命和资本主义的兴起。它们的到来，使农民文化发生了变化，与此同时，发展教育、崇尚进步、科学和文明的观念，也改变了城市市民和农村农民双方的精神世界。对欧洲其他国家来说，爱沙尼亚民俗学的诞生，则与国内经常性的农村社会改革和传统农民世界的逐渐消失密切相关。在欧洲民俗学同行看来，这成为一个国家从兴起到建立之间的理想化阶段。在这种背景下，搜集民俗的性质，又变成了避免古老资料湮灭的抢救行动，当然也为未来文化保存了一些资源。雅各布 · 霍特是相信金融经济力量的人，他认为，金融经济的进步会带来社会的进步。这也影响到他的民俗学著作，他从这个角度看待民俗搜集工作的重要性。在这种观念主导下，对古代文化财富的有价值资源的隐喻改变着人们对民俗的态度。人们开始把民俗看成是“老太太讲故事”和日常劳作的乡下人闲暇聊天的内容。雅各布 · 霍特出版了规模庞大的民俗资料集，共有162卷手稿，约12.2万页。他在介绍这些民俗资料时说，对它们的记录，贯彻了语言文字准确性的原则，可作为爱沙尼亚民俗研究的学术资料使用。他特别指出，民俗资料，应该是保证做到没有任何变动的记录，包括对叙事方言和叙事内容都不能有任何变动。他还有一个更大的梦想，就是计划出版一套爱沙尼亚民俗资料系列丛书，名为《爱沙尼亚古代文化纪念碑》，但最后终因经费不足，这个系列只出版了几部民歌卷就搁浅了，这几部民歌卷有一个总名，叫《古老的竖琴》。可喜的是，这个“纪念碑”工程在20世纪再度启动，现已完成谚语、谜语、传说和民歌等多卷本。

三、第一次国家独立时期的爱沙尼亚民俗学

1918年，爱沙尼亚第一次获得解放，成为一个独立国家。此后，塔尔图大学参与了自己祖国的所有实质性的变迁进程。在塔尔图大学中，在语言教学方面，设立了爱沙尼亚语文课，该课直接用爱沙尼亚语教学，并设置了几个专门的新教席。在新教席中，有一个是专门

为爱沙尼亚语和比较民俗研究而设立的，首位荣膺民俗学教席的是瓦尔特·安得森（Walter Anderson，1885—1962）教授，他于 1919 年至 1939 年在塔尔图大学执教，后来去了德国。在他执教期间，爱沙尼亚民俗学从语言学切入，研究民俗文本和档案，这成为当时的主导倾向。瓦尔特·安得森有广泛的学术兴趣，从童话故事比较到爱沙尼亚民歌的民间诗学研究，从儿童传统到民俗学理论，靡不涉猎。

爱沙尼亚民俗学也曾受到历史地理学方法的影响，该方法通称为“芬兰学派的方法”。瓦尔特·安得森是这种方法的阐释与发展者之一。在他的学术盛年，经他的努力，历史地理学的方法继续扩大了权威性。

1927 年，在塔尔图大学建成爱沙尼亚民俗档案馆，奥斯卡·卢里兹（Oskar Loorits，1900—1961）成为第一任馆长。这是一位研究爱沙尼亚和利沃尼亚民间信仰的著名学者，他上任之后，在民俗学基金中，设立了系统整理民俗并陆续出版的计划，并将之作为档案馆的核心工作。这类民俗资料系统化的工作有很大的局限性，因为前人在将成千上万种杂乱无章的民俗文本进行整理时，很难兼顾民俗资料的多样性；但后人按照统一标准进行整理时，又要舍弃多样性。例如，有些系列故事和成套民歌，内部包括不同类型的异文和彼此粘连的特征，以往按照统一标准整理，这些纷纭复杂的细节就被删掉了。在档案化的目标下，大量民俗资料曾被做了简单化处理；档案编目和资料编辑还导致对民俗资料做图书馆分类，这也对保存民俗资料不利。

从理论上说，在这一时期，历史地理学派仍占统治地位，爱沙尼亚民俗学界仍然十分关注民俗传承的时空分布，一直在讨论爱沙尼亚民俗的区域分布问题。在任何民俗出版物的搜集和准备出版的阶段，弄清这个问题，都是一项十分重要的任务。对于那些大扩布传承的民俗事象来说，民俗学者还会关注它们的社会上下文和文化上下文，并开展认真的研究。从范畴上说，这一期间语言学研究是主流。

四、划归苏联期间（1945–1991）：保存民俗与国家追求

1945 年，爱沙尼亚被正式划归苏联（以下简称“苏

联时期”)，一部分民俗学者离开了爱沙尼亚。这期间爱沙尼亚民俗学界的重要工作是保存藏量巨大的民俗档案，同时在新意识形态系统下进行民俗学的学科建设。

保存民俗档案。爱沙尼亚民俗档案馆更名为民俗学系，归属库兹瓦尔德文学博物馆领导，这就意味着民俗学研究要向文学研究的方向转变。在苏联时期，文学研究是地位特殊的学科，拥有制度上的优越性。塔尔图大学的民俗学教学无一例外地追随苏联高等教育体制，挂靠在文学研究的项目之下。爱沙尼亚其他高校的教育也都是按照苏联高校的标准执行计划的。但爱沙尼亚民俗学也有局部特殊之处，那就是瓦尔特·安得森去了德国，不过他把一系列民俗学经典文献留在了爱沙尼亚。塔尔图大学的民俗学课程由他的学生爱德华·劳盖茨（1909—1994）接手。爱德华·劳盖茨主要研究爱沙尼亚民歌和民俗学史，曾出版过几部关于巨人神和神话英雄传说的著作。

学科建设。在苏联时期，爱沙尼亚高校奉行马克思主义进化论，这一学说把民俗解释为传达农民阶级的反抗文化，以及有历史倾向的原始文学。这一学说还有一种浪漫主义的认识，即按照政府主导意识形态所规划的方针政策，通过暴力革命的途径，人类社会将消灭资本主义，很快地过渡到共产主义。民俗是历史上保存下来的东西，这种历史正在消失，因此对民俗要格外重视，要比以往任何时期都抓紧讨论。爱沙尼亚每年都有计划地组织全国性的调查，年复一年地到教区做田野作业，并成为常规任务。这种田野调查的目的，是在旧民歌和旧故事的基础上生产新的记录稿。

在理论方法上，由于爱沙尼亚民俗搜集资料还在增加，民俗档案系统化的工作还在进行，准备出版学术性的民俗手稿的工作仍被列为主要任务，所以，历史地理学方法和比较研究学派仍占据支配地位。

五、1991 年至今：对民俗和民俗研究国际化的新理解

1991 年，爱沙尼亚宣布国家独立。自此以后，国家进行了多次改革，包括重设高校教育体制。1993 年，塔尔图大学的爱沙尼亚语和比较民俗学专业实行改革，在大学中独立建院，并获得博士学位授予权。迄今为止，该系的讲授课程和研讨会计划已覆盖了民俗学史、民歌

类型学和民间诗学等各个较大的研究分支，一些小的文体，如谚语和谜语、故事和传说、当代民俗、家庭传统、民间宗教和信仰、风俗习惯和田野作业等，也都成为专业训练内容。民俗学专业教给学生怎样设立研究目标；如何通过观察法和访谈法，在民俗的社会上下文中创建资料。民俗学训练的重点是研究理论与方法，而不是在课堂上铺陈爱沙尼亚民俗调查资料，给学生造成一种错觉，好像民俗从前就是这样。

爱沙尼亚民俗档案馆现存藏民俗手稿逾 130 万页（包括雅各布·霍特等民俗学前辈的搜集文献）。除了爱沙尼亚民俗资料，这里还保存了拉脱维亚、立陶宛、德国、俄国，以及犹太人、吉普赛人和其他语言系统的民俗资料。对民俗资料数字化的工作也已经展开。在民俗学工作中占有优先权的，还是有系统整理民俗资料并予以出版。传统民俗学关注口头传统的农村分布，当代民俗学也记录城市民俗。爱沙尼亚民俗档案馆仍然每年组织田野调查，近年还在西伯利亚建立了远足调查基地。

当代大部分爱沙尼亚民俗学专业工作者都在塔尔图的爱沙尼亚文学博物馆从事研究工作，也就是说，他们或者到民俗学系来工作，或者到爱沙尼亚民俗学博物馆去查阅民俗学档案。1996 年，爱沙尼亚文学博物馆建立了两个免费提供信息的国际期刊网，其中有专门提供民俗学研究的“民俗杂志电子期刊”[1]。2007 年建成数字化的免费利用国际互联网：“民族志和民俗学杂志网”[2]。

爱沙尼亚民俗学学会对外提供的开放式公众论坛，每月在塔尔图大学举行一次论坛活动，供广大民俗学同行讨论和分享他们的最新民俗学研究成果。爱沙尼亚民俗学学会于 1925 年创办，在划归苏联时期停止活动，1996 年恢复工作。爱沙尼亚民俗学者还积极参与爱沙尼亚宗教学研究会（ESSR）的活动，这个研究会与国际学界不同学科的学者展开学术对话。

爱沙尼亚民俗学数字数据基地的建设被列为国家重要工作，爱沙尼亚档案馆对大量藏品全面展开学术版的制作，包括编辑电子出版物和编辑纸介书籍两种。传统研究领域继续拓展，主要研究对象有民歌的诗学、内容、社会功能和地方传统，故事类型学的研究还在继续，口头叙事传统及其与文本文化的联系还吸引着民俗学者的

---

[1] 英文版网址：http://www.folklore.ee/folklore/，爱沙尼亚语版网址：http://www.folklore.ee/tagused/。

[2] 网址为：http://www.jef.ee。

注意力。对小型民俗体裁的研究，包括谜语、谚语，可能还有诗性的演讲和民间幽默的研究也在进行。对爱沙尼亚民俗档案馆保存的传说资料和其他信仰叙事资料的研究，转向探索其社会、宗教和历史性文本的上下文。在田野研究方面，爱沙尼亚民俗学者倾向于对口头历史、个人叙事、生活故事和地方知识的调查，尤其对传统社区的调查，以及对当地以讲故事的方式表述生存环境与个人记忆的关系的调查。对民间信仰和本土宗教的研究仍在继续，从历史性的视角出发做研究，或者从民俗档案搜集资料视角出发做研究，两者都有。民俗学者还关注精神民俗在社会建设中的发展。

此外，从经验性的实证研究出发，走向田野，对民俗学史进行反观和批评性的工作等，这种总体性的研究工作已经开始。爱沙尼亚民俗学还加强了对少数民族民俗的研究。

与划归苏联时期爱沙尼亚民俗学的孤岛化不同，当代爱沙尼亚民俗学的基础研究和概念性框架的搭建是与国际同行的理论发展紧密联系在一起的。民俗学已产生了很高的国际化程度，研究的范围已扩大到讲波罗的海德语的芬兰人、芬兰—乌戈尔人、英国和印度等其他国家的民俗。与其他国家，包括芬兰、德国、匈牙利、印度、爱尔兰、拉脱维亚、立陶宛、俄国、英国和美国等，民俗学研究中心的接触和合作也在发展，爱沙尼亚民俗学界也与中国民俗学者和中国民俗学研究中心开始接触，这种联系正在变得更加重要，因为这不仅对爱沙尼亚，而且对整个欧洲民俗学的研究都有重要价值。爱沙尼亚民俗学研究奖学金与欧洲民俗学的整体研究相关。在与国际民俗学专业机构的联系方面，如美国民俗学会（AFS）、国际民间叙事研究会（ISFNR）、国际民族志与民俗学学会（SIEF）等，建立的种种联系也非常重要。塔尔图大学的爱沙尼亚语与比较民俗学系，以及该系的民俗学博士学位项目，已产生了较大的国际影响，吸引了许多国家的博士生前来学习。

爱沙尼亚民俗，曾被说成是书面文学之前的史前产物和古代遗留物，现在已被认为是国家文化进程和社会进程中不断产生新内涵的重要文化事象。

在当代学术界，爱沙尼亚的民俗和文学被视为两个不同的研究领域，但彼此也有部分交叉。民俗不再被看成尘封于档案、出版物或老人记忆中的僵死的东西，而是一种充满驱动力的社会文化进程要素。民俗被传统支撑着，同时充满了自身创造的活力。它并没有因为书面文学的发展而消失，相反仍然活泼地生存在当代城市文化中，在大众传媒、互联网和影视片中，我们都能经常看到民俗。在一些社会组织中，如学校、教堂和行业机构，民俗仍像过去一样，在面对面地传播，在小群体中交流。

当然，还可以确定地说，当代爱沙尼亚民俗学失去了往昔的权威。它不再像二战前和划归苏联时期那样是一门严谨的学科，现在它更像是一个松散的学科，覆盖着相对分散的研究领域，其中充满了争论、多样化的概念和研究问题。

总的说，民俗学的研究焦点是同类事物。然而，它无论怎样变化，仍如一个世纪之前那样，是一种系统的、批评性的、对传统的研究，而这个传统建立在过去与现在的、口头的和文学的文本的生产与再生产之上。

第三节
民俗学的互文性研究方法：魔法故事研究

一、民俗学的互文性研究方法

互文性研究方法，是近年文艺学与民俗学界都在使用的方法，出自巴赫金（Mikhail Bakhtin，1895—1975）的学说。巴赫金是20世纪伟大的俄国学者，在文化研究的多个领域，包括人类学和民俗学，都取得了重大成就。他的核心理论是“对话”。莫尔森和爱默森（Gary S. Morson and Cary I. Emerson）曾指出，巴赫金在自己的著作中所阐释的“对话”思想有几重含义：

第一，每一种说话方式（或称“言语—行为”）都是对话。说话方式，可以是口头言语的，也可以是书写文本的，而两者都是在社会语境中使用的语言。说话总是以某人或某些人为对象发生，说话便始终处于说者（或作者）与听者（或读者）的二元共处的语境中，由此产生的双方的理解与交流便是对话（dialogue）。

第二，说话方式中有特质话语。在特质语言中，有的更适合于对话，有的则倾向于自我陈述，对此巴赫金创造了“独白”和“复调”两个概念来加以概括，同时对两种不同特质的话语进行区分。其中，独白是指直接产生于日常生活中的话语（如初民诗歌中反复使用的表达方式）；复调是指带有“引用”性质的话语，所谓引用，指重复前人说过的，但有意义的话语。巴赫金认为，传统民俗颇类似“复调”（或多元声音），这是因为传统民俗与“复调”都是在执行创造性的重复，都拥有联系过去的共同时间维度。谐虐体裁都是复调的。

第三，巴赫金的对话思想是理解一切人类文化的普遍原则与方法。对话所涉及的所有问题都可以总结为人际关系。书写文本是无法对话的，人类交往的知性活动才能呈现意义。❶

1966 年，朱莉娅·克里斯特娃（Julia Kristeva）将

❶ ［美］莫尔森和爱默森（Gary S. Morson and Cary I. Emerson）《米哈伊尔·巴赫金：创造一种小说学（日常言语学）》（*Mikhail Bakhtin: Creation of Prosaics*）, Stanford, California: Stanford University Press, 1990, P130-133。

巴赫金的对话学说介绍给法国读者，引起了广泛的关注。她还从中提取出“互文性”（intertextuality）的概念，从此这个概念为人文社会科学各领域的学者所广泛运用。当代文化学者在使用“互文性”概念上已有新的延伸，提出了它的其他一些意义，但总体说，互文性的含义主要有二：一是创造性的资源与生产性的含义之间的联系；二是口语文本与书写文本之间的联系，以及两者之间的复杂关系。互文性的产品应该是人际互动与知性思想活动所呈现的文本。

民俗学的互文性研究方法是现代民俗学使用的重要方法。在现代民俗学中，巴赫金的对话思想与互文性研究方法都占有重要地位。为什么？这里也有多种原因：第一，民俗由多元声音构成，多元声音之间又有相互纠结的复杂联系；第二，民俗依赖于传统，包括历史性的表演和前人的话语；第三，民俗总与其他话语语境相关，包括体制、权力和其他社会分层的文化观（含政治、法律、宗教等）；第四，民俗始终被镶嵌于文化与社会结构之中，在社会语境和人际互动中产生意义。综上所述，民俗学的互文性研究方法是现代民俗学研究的重要方法，不仅研究口语文本要使用，而且研究民俗档案手稿也要使用。

在现代民俗学史上，对在民俗学领域使用互文性研究方法并作出贡献的学者，有以下几位：查尔斯·布里格斯（Charles Briggs）、鲍曼（Richard Bauman）、劳特·塔尔卡（Lotte Tarkka）和卡米拉·阿斯普朗德·因基马克（Camilla Asplund Ingemark）等，以下介绍他们的主要贡献。

1992 年，美国民俗学家查尔斯·布里格斯和鲍曼联名发表《体裁、互文性和社会权力》一文[1]，对一些能够自我生成民俗的独立体裁，如民歌、神话、故事和谚语等，从互文性研究的角度，加以综合考察，提出体裁学研究的新分支。他们并不讨论具体体裁如何成为民俗学的某个类别，而是使用互文性的概念与方法，根据巴赫金的对话学说，重新界定体裁的定义，分析民俗体裁的说话方式，如口语文本的体裁的说话方式。他们对以往被民俗学分类研究的体裁予以再审视。从具体地研究个别民俗体裁，转向从总体上研究民俗体裁的表演和表演的社会功能。经过这种方法的研究，他们从具体民俗体裁的生存形态中找出了共同规则，就是都具备的说者与听者二元说话方式的互文

---

❶ Charles Briggs, Richard Bauman, "*Genre, Intertextuality and Social Power*", in Journal of Linguistic Anthropology. 1992, 2（2）:131-72.

关系，每种说话方式都依赖于重复前人说过的，但有意义的话语而产生意义，双方共处于二元结构，同时共同成为创造性的传统构建者。他们还揭示出，民俗学者使用互文性研究方法将产生一种新的可能性，即从以往司空见惯的民俗体裁中，在具体的体裁之间，找到差异，发现距离。就表演而言，有些民俗体裁可能是传统的表演（重复前人的体裁模式），也有些民俗体裁可能是发明传统的表演（摆脱前人的体裁模式）。在现代社会的表演活动中，这两种表演都经常出现。对此，查尔斯·布里格斯和鲍曼创用“互文性间距”（intertextual gap）的概念加以解释。根据他们的解释，互文性间距，指在往昔体裁与现代文本之间设定的、具体的、不同的距离。当间距被最小化的时候，书面文本便展现功能，这种文本能获得主体权威性，并通过表演活动，去表现个体创造性和个体发明传统的能力。当间距被最大化的时候，口语文本便能展现功能，这种文本能获得祖先文化的权威性。总之，民俗体裁的互文性生产不同的文本间距，二元结构体裁，始终处于一个发展过程中，从未结束，这是人类交流和文本生产系统的构成规则。

1993 年，芬兰民俗学者劳特·塔尔卡发表论文，题目是《口头诗学的互文性、修辞学与阐释学：存档口述资料的一种个案》。[1] 劳特·塔尔卡重点研究芬兰乡村和教区歌曲的曲目与互联网歌曲文本的重叠率，揭示这类文本的多重含义。作者批评了对互联网中出现的传统民俗文本做简单化研究的倾向，指出，简单化研究忽略现代社会民俗的多重繁复的意义，直接从民俗文本中抽取民俗的原初要素，如民俗的经济要素或社会冲突要素等，目的是为现代社会应用服务。劳特·塔尔卡说，这种研究的失误在于，“文化现实并不存在于文本的‘背后’或‘周围世界’，文化现实是在文本生产的过程产生的”[2]。作者通过研究，还提出另一个重要观点，即民俗体裁的文本生产，不仅是自我文化的生产，也可以理解为他者文化的生产，包括他者的文本、他者的歌手、他者的主体性和他者的文化上下文，它们通过对话的途径，渗透到民俗文本中，形成自己的聚焦点。

---

[1] Lotte Tarkka,*Intertextuality, Rhetorics and the Interpretation of Oral Poetry: The Case of Archived Orality*, in Pertti J. Anttonen and Reimun Kvideland,ed. *Recent Issues in the Study of Modern Traditional Culture in the Nordic Countries*. In Nordic Frontiers, Turku: Nordic Institute of Folklore,1993,P165-193.

[2] Lotte Tarkka,*Intertextuality, Rhetorics and the Interpretation of Oral Poetry: The Case of Archived Orality*,in Pertti J. Anttonen and Reimun Kvideland,ed. *Recent Issues in the Study of Modern Traditional Culture in the Nordic Countries*. In Nordic Frontiers, Turku: Nordic Institute of Folklore,1993,P168.

2004年，卡米拉·阿斯普朗德·因基马克出版了《魔鬼的体裁》一书。这是一本研究传统的超自然创世者的民俗学专著，书中讨论的创世者，世称“魔鬼”，被认为是一种危险的造物主。他们经常攻击人类，是野外自然界各种危害的象征。作者指出，《圣经》是基督教界至高无上的经典，《圣经》通常将超自然的创世者描绘成魔鬼，一般宗教叙事和民俗信仰的文本都会在《圣经》的解释系统中，或者在其解释系统之外，寻找超自然的创世者与其他诸神的关系中，生产自身传承的宗教信仰的意义。[1]

上述学者都从民俗学的角度，在各自的民俗学研究中，补充了互文性的概念，发展了互文性的研究方法。

二、欧洲魔法故事研究

在基督教界，按照《圣经》的解释，上帝与所有基督徒的主要敌人之一，就是魔鬼撒旦。撒旦是欧洲神话传说

---

[1] Camilla Asplund Ingemark, *The Genre of Trolls: The Case of a Finnish-Swedish Folk Belief Tradition*. Åbo: Åbo Akademi University Press. 2004.

中的天神，因反叛上帝，连同他的同伴一起被上帝逐出天庭。基督教教义中的撒旦由于长期被妖魔化，已经成为邪恶势力的代名词。但是，在欧洲民俗中，在早期的魔法故事中，撒旦并不是一个邪恶的形象。他具有普通人的人格，而且是可视化的形象。以下使用民俗学的互文性方法分析爱沙尼亚民俗中的魔法故事。

爱沙尼亚自 13 世纪起成为基督教国家，至 19 世纪，基督教信仰已相当普及，魔法故事也很流行。在当时的爱沙尼亚神话传说中，魔鬼故事流传甚广，是十分惹人注目的超自然创世主故事。从书写文本的角度说，以往我们只能通过《圣经》，或者从基督教的教义中，才能见识魔鬼的角色和功能，但是，在爱沙尼亚民俗中，在民俗的口语文本和相关记录稿中，这个魔鬼有自己另外的形象，它携带民俗和基督教的复杂因素融入地方民俗，在故事情节上有了很多改变。将爱沙尼亚民俗的口语文本与基督教的书写文本相比，魔鬼叙事大有距离。以下举三个例子说明。

例一、坠天使的传说

在爱沙尼亚民俗中，天堂之战和坠天使的故事，属于世界起源故事，流传已久。根据爱沙尼亚民众的说法，魔鬼曾与上帝共同创造世界。魔鬼创造了狼、蛇，还发明了烈酒。民俗中的创世传说，从来不是神甫板着脸孔的宗教说教，而是对《圣经》中的创世大神插科打诨。故事中的神圣与世俗、信仰与娱乐混合，笑声一片。基督教徒被嘲笑得翻斤斗，滑稽地模仿者爆料不断。比如，有的创始故事讲，狗偷走了亚当的肋骨，上帝就用这只狗的尾巴造了一个女人。[1] 丈夫将妻子藏在桶下，耶稣就给这位妻子造了一头母猪和一群小猪。[2] 还有创世故事讲（大概借自俄国民俗），某女子与某魔鬼，双方发生争执，上帝派了一位最聪明的天神去劝架。天神劝架不成，就把双方的头都砍下来，回去交差。上帝再命天神把两个头装回去，不料天神粗心，把两个头给装反了。女子装了魔鬼的头，从此作恶多端，变成了魔鬼。魔鬼装了女

---

❶ Antti Aarne, *Etiological Legend Type No 10*, see Antti Aarne（1918）, *Estnische Märchen- und Sagenvarianten*. Folklore Fellows' Communications No. 25. Hamina: Academia Scientiarum Fennica.2018.

❷ Antti Aarne, *Etiological Legend Type No 34*, see Antti Aarne（1918）, *Estnische Märchen- und Sagenvarianten*. Folklore Fellows' Communications No. 25. Hamina: Academia Scientiarum Fennica.2018.

子的头，从此柔弱顺从，跟女人一样。[1] 一般认为，这是表现男性幽默的母题。

坠天使的故事有三个主要母题，它们分别是：

1. 魔鬼天神背叛上帝（A106.2）
2. 魔鬼和同伴被逐出天堂（G 303.8.1）
3. 坠天使变成野外自然界的妖精（V236）[2]

这三者都是世界大扩布母题，在许多国家都有流传，各国的故事异文也很丰富，得到斯蒂斯·汤姆森（Stith Thompson）的认可，收入他编辑的《民间文学母题索引：关于民间故事、歌谣、神话、寓言、中世纪浪漫故事、训诫故事、笑话和地方传说的叙事要素分类》编著

---

[1] Oskar Loorits, *Grundzüge des estnischen Volksglaubens* I-III. Uppsala: Lundequistska Bokhandeln & Köpenhamn: Munksgaard. Loorits 1957,P148.

[2] Stith Thompson, *Motif-Index of Folk-Literature. A Classification of Narrative Elements in Folktales, Ballads, Myths, Fables, Medieval Romances, Exempla, Fabliaux, Jest-Books and Local Legends*. Revised and Enlarged Edition I–VI. Copenhagen: Rosenkilde and Bagger. 1957. 译者注：这三个母题分别见于 Stith Thompson，该著的 A106.2 魔鬼天神反叛上帝，G 303.8.1 魔鬼被逐出天庭和 V236 坠天使变成自然界的精灵。

中（他还收录了这些母题的异文）。[1] 以下是爱沙尼亚的同类故事异文。

坠　天　使

圣米迦勒（Miikael，天使之一）反叛上帝，上帝就将他和他的同伙逐出天堂。天使们集体大坠落，落了三天三夜，来到凡间。腹部着地的天使，从此再也不能作恶；背部着地的天使，可以呼吸；还有一个天使，一落地就长了毒疮。[2]

现在我们将基督教的书写文本与爱沙尼亚口语文本相比较。《圣经》的《启示录》说[3]，圣米迦勒和他的同伴站在上帝的一边。他们的共同敌人是撒旦（飞蛇或飞龙）和撒旦的同伙，双方展开了大战。[4]

---

[1] Stith Thompson, *Motif-Index of Folk-Literature. A Classification of Narrative Elements in Folktales, Ballads, Myths, Fables, Medieval Romances, Exempla, Fabliaux, Jest-Books and Local Legends*. Revised and Enlarged Edition I–VI. Copenhagen: Rosenkilde and Bagger.1957.

[2] Collection of the Estonian Folklore Archives（Eesti Rahvaluule Arhiiv）, II 13, 410（34）< Simuna parish–R. Viidebaum ,1929.

[3] Bible,12:7, see https://www.biblegateway.com/.

[4] Bible,NIV,see https://www.biblegateway.com/.

图2　天堂之战：圣米迦勒大战飞龙（木版画，[德]朱利叶·S.V.卡洛斯菲尔德（Julius Schnorr von Carolsfeld，[1794—1872]绘制）

我们能看到，在基督教书写文本中，上帝的敌人决不是圣米迦勒。上帝和圣米迦勒的共同对立面是撒旦，《圣经》是将双方的关系讲得很清楚的。但是，在爱沙尼亚民俗中，圣米迦勒被妖魔化了，是撒旦的替身，成了上帝的宿敌。在民俗创世故事中，在解释万物起源时还说，坠天使变成了超自然的妖精。民俗正是通过这种叙事方式，将古老的神话传说与日常的现实社会联系在一起，生产了口语文本的新意义。民俗同时告知，野外存在着超自然的危险，需要回避。在爱沙尼亚民俗中，还有一个常见的说法，就是坠天使是森林妖精，荒野中的迷路人有时会碰见它们：

> 如果你在森林中走失，就可能会被“老妖精”缠上身。你把帽子或围脖转个方向，就能找到回家的路。但一般人都做不到这些，因为老妖精喜欢捉弄人，能让人抓狂。你决不能让老妖得逞，要大呼上帝，向主求救，这时你就能获得神助，顺利逃生。[1]
>
> 诱惑者是森林小仙女，她们给你指路，让你在森林中迷路。我来过这里，多次遇到这种事。我不知道怎样回家，不能返回我的牧场。她们不断地迷惑你，让你无法脱身。人们都说，在这种时候，你要读基督的祷文。[2]

世界上有两种力量：一种神权的力量，一种是魔鬼

---

[1] Collection of the Estonian Folklore Archives (Eesti Rahvaluule Arhiiv) , II 293, 355/6 (4) < Rapla parish – E. Poom ,1941.

[2] Collection of the Estonian Folklore Archives (Eesti Rahvaluule Arhiiv) , II 25, 279 (1) Vändra parish – R. Viidebaum ,1930.

的力量，这两极划分已经形成。十字架、耶稣基督的名字，以及与上帝有联系的东西，都已被神化为神权的象征，可以抵御魔鬼的力量。基督教祷文还被说成是在现实生活起到保护作用的普遍力量。

由上可见，在民俗学的研究中，考察民俗体裁的互文性关系，涵盖了口语文本与书写文本之间的各种复杂关系，包括民俗母题与基督教《圣经》之间、民俗传承和书写传统之间的关系等。通过研究能发现，互文的结果，呈现了一种与以往不同的世界观，它的内容是民俗信仰与基督教元素的混合物，许多例子都表明了这一点。

例二、一种程式或信仰丛：魔鬼、原罪与死亡

魔鬼、原罪与死亡，是与基督教教义有关的三个概念。《圣经》说，世界上最初的人类亚当和夏娃原本可以不死，但他们违背了上帝的禁令（偷吃了禁果），陷入了原罪，导致了死亡，还让死亡降临人间。为拯救人类，上帝派来了基督。基督把人类从魔鬼的力量控制中解救出来，涤除原罪，重回永生的境界。

爱沙尼亚是一个基督教国家，以接受新教派为主，

新教派领袖马丁·路德的《教理问答》（1529）深入人心。此书对魔鬼、原罪和死亡的概念提出了新看法。

> 我相信，耶稣基督、真神、永恒之父，同时也是真人，由圣母玛利亚所生。他是我的主。他拯救了我，拯救了我所有失去的一切，拯救了获罪的创世者。他将我从一切原罪、死亡和魔鬼的力量中拯救出来，获得新生……❶

基督教的重要仪式是洗礼。洗礼是一种圣洗，象征着一个人正式成为基督教的信徒，被视为人类与上帝签约。签约之后，人接受基督为救世主。在爱沙尼亚，在很长的历史时期中，新生儿出生都被视为从魔鬼的控制下获救，而洗礼前的婴儿尚未脱离危险，随时都有可能被魔鬼带走。《教理问答》在解释洗礼的含义时说："执行它的意义，就在于宽恕原罪，摆脱魔鬼的控制和避免死亡……"❷

---

❶ Martin Luther, *The Small Catechism*. 1529, II:2, see http://bookofconcord.org/smallcatechism.php.

❷ Martin Luther, *The Small Catechism*. 1529, IV:2, see http://bookofconcord.org/smallcatechism.php.

许多基督教的赞美诗也提到魔鬼、原罪和死亡的关系。基督教教堂的星期日礼拜活动都要唱这一类的圣歌。在宗教团体中，教职人员不断地传播带有这种训条的基督教教义。相比之下，民俗中也有同类内容，两者的传播途径差不多，应该说，基督教和民俗都强化了爱沙尼亚基督教化的过程。

谈到爱沙尼亚的魔鬼故事，很多故事都讲魔鬼如何教人犯罪，或者引导人破坏社会规范，酿成自杀或谋杀、酗酒或耽于舞会等恶果。还有的魔鬼不同，它们惩治坏人或杀掉恶人，将他们打入地狱，以摆脱原罪。也有的魔鬼来到奄奄一息的罪犯床边，摄取其灵魂。下面一个故事，用基督教教义的思路，描述了魔鬼现形的情景：

> 死亡被称作“黑人”，有不少故事说，几个将死之人，看到房中有一个或几个黑人，而同屋的其他人却根本没看见。还有一个故事说，一个女人，久卧病榻，痛苦不堪，去世后，她的亲戚们都说：“好啊，耶稣终于把她带走了，她终于解脱了！”一个在场的孩子问：“耶稣真的把她带走了吗？我看见一只大黑狗用爪子抓她。”别人什么都没看见，只有这个孩子

的眼睛是“睁开”的。[1]

下面一段是个人亲历故事，讲了一个“耽于舞会的魔鬼”的母题。

> 这是集体农庄时候的事，发生在打谷子的季节。我丈夫是个酒鬼，等最后一场谷子打完了，人们把伏特加酒和糖块拿给女人们吃，我喂完了牲口，想到我丈夫有可能在村里鬼混，就去找他，想把他带回家。等我到了那里，看见有人在奏乐，有人在跳舞，一个小伙子请一个老太太跳舞。我跟你说吧，我看见有四个魔鬼正跟在老太太的身后，跟老太太一起走向那个小伙子。它们都是小矮人，皮肤褐色，竖耳朵，长尾巴。它们蹦啊，跳啊，转圈子啊，嘴里露出长长的舌头。它们都很瘦，有一只胳膊那么粗，有那么高（约50公分），鼻子又长又尖，恍若一个蜡烛。它们跟着跳舞的人们兜圈子。这些都是我亲眼看到的，都是真的。

[1] Collection of the Estonian Folklore Archives（Eesti Rahvaluule Arhiiv）, II 264, 315（29）< Rapla - Emilie Poom（1940）.

我是一个信徒，去了哪里，站在哪里，看见了这件事，心里不好受。待舞会结束时，曲终人散，我看见小矮人魔鬼还站在那儿，后来就消失了。小伙子和老太太跳得不亦乐乎，完全不知道身边发生了什么事情。[1]

这个母题在爱沙尼亚上百个故事记录手稿中都有。

余论和结论

按照基督教教义的说法，世界是上帝和撒旦的交战之所，撒旦是拥有巨大魔力的天神，将世界上的所有超自然物都纳入自己的控制范围之内。爱沙尼亚的民俗，由于基督教的进入，产生了另一种叙事，让魔鬼成为支配野外超自然精灵的大神。根据这种情况，在考察 19 世纪爱沙尼亚民俗时，就要将基督教教义的书写文本，非

---

[1] RKM. II 447, 163/64（4）< Torma - Ü. Valk < Anni Soomets（1991）. [Reference to the manuscript collections of the Estonian Folklore Archives in Tartu. The legend was recorded by the author in Torma parish from Ms Anni Soomets in 1991.]

直接取自基督教《圣经》的中介文本，以及没有明确基督教因素的民俗体裁文本三者，都纳入解释框架，否则就很难了解当时的民俗。民俗的语境往往是隐性的，而不是显性的，在民俗学研究使用互文性的方法，就是要再现这种隐性的语境，让我们能够阐释隐性的遗产话语与显性的主流话语之间的联系，使人们对民俗历史资源的理解成为可能。

魔法故事作为一种民俗体裁是变化的。在当代爱沙尼亚民俗叙事中，魔鬼已失去了昔日的魔力，当代人已经改变了世界观的参照系。在当代民俗中，科学思想和超自然观共存，如飞碟的故事；新宗教信仰不断地浮现，如流传很广的转世信仰，或者对使用超自然疗法的信仰等。民俗与泛信仰系统之间的联系正是显性的主流话语与隐性的历史语境之间的联系，当然两者也有互文性，因为民俗体裁的含义并非只存藏于民俗的口语文本中，其实也存藏于其生存语境里的书写文本中，存藏于共享某种传统的多元社会交流之中。

第四节
人类学本体论的转向、亲历故事与人兽变形民俗

本节讨论东印度阿萨姆邦治疗师的超自然故事和传统魔法医疗民俗。与欧洲一般魔法故事中讲述鸟类或其他动物助手不同，东印度阿萨姆邦的故事主要讲述当地的当代乡村生活和由故事透射出的本地历史上的虎人变形民俗。本节重点讨论超自然界如何通过故事讲述人的活动得以呈现？如何在讲述语境中促成口语文本的交流？这种交流如何构建魔法医疗的行为框架？各种故事异文，包括人、物、事的变形，如何彼此勾连，创造了一个不确定的阈限？以及超现世的故事世界与社会现实两者，通过叙事活动，如何成为一种真实的存在？

一、人类学本体论的转向：宗教研究的新分支

在学术研究中，考察学者所使用的分类方法，与批评性地观察学者所使用的研究框架，都是十分重要的。在以往的学术研究传统中，很多概念都出自欧洲文化传统，对欧洲以外的其他文化缺乏准确描述的可能性，甚至有时还能产生曲解或误读，“宗教”的概念，以及对“宗教”的理解，就属于这种情况。欧洲的“宗教”概念，已被基督教过度定义，成为专门解释基督教教旨的一个词语。但现在有了变化，“宗教”一词已成为问题性的概念，已有学者指出，宗教作为一个分类性的概念是被文化地建构起来的，但这个概念用处不大，用它来解释东方文化传统几乎徒劳无益。在印度教国家，或者在其他拥有本土传统信仰的国家，欧洲的“宗教”概念便无法套用。布鲁诺·拉图尔（Bruno Latour）赞成这种观点，认为“长期以来，对自然与社会/文化（人与非人）之间的二元论思想，是被西方人的世界观构建起来的，随着上世纪的现代主义思想传播开来”[1]。

---

[1] Bruno Latour, *We Have Never Been Modern*. Cambridge: Harvard University Press. 1993.

爱德华 · 维夫罗斯 · 卡斯特罗（Eduardo Viveiros De Castro）提出，虽然我们通常奉行自然与文化分离的观点，但是，当我们用这种观点解释非西方人的宇宙观时，就会发现，我们的认识是扭曲的。他对美国南部的印第安人文化做了研究，然后构建了一套透视主义理论。按照这种透视主义的说法，学者需要重新了解人类、动物与精灵看待自我与他者的方式。那些兽类（肉食动物）与精灵通常会将人类看成兽类（作为猎物）；同理，兽类（作为猎物）会将人类看作精灵或兽类的同类（肉食动物）。[1]

菲利普 · 德斯科拉（Philippe Descola）提出了一种本体论的结构学说，他谈到，人类究竟是怎样被与自然界联系在一起的？人类是怎样被描述为万物有灵物种中的一种的？其实万物有灵论正是这种认知思路的产物。[2] 他还认为，在万物有灵论者的本体论中，植物、动物，与其他实物环境中的元素，都会赋予自身一种主体性。人与人之间关系的不同种类也都是以物质化的实体方式保

---

[1] Eduardo Viveiros de Castro, Cosmological Deixis and Amerindian Perspectivism. *The Journal of the Royal Anthropological Institute*, 1998: 4（3）: 470.

[2] Philippe Descola, *Beyond Nature and Culture*. Chicago, London: The University of Chicago Press, 2013.

留下来的。在万物有灵论者的认识中，人与非人之间有着内在相似的心理倾向性，这样非人也会被赋予社会性的特征。❶ 在西方人的认识论中，人格化作为一种分类，用于描述人类自我（有自我意识的个体），但这种分类不适用其他非西方文化的民族。在一些非西方文化民族中，未将自然与文化截然分开，那里的人们始终认为，动物、鸟类、鱼类、精灵、神祇、石头和树木等万事万物，都通过某种特殊方式，与人类建立联系。❷

与万物有灵论相对的观点是西方流行的自然主义本体论（ontology of naturalism）。对此，菲利普·德斯科拉认为，这是将“世界上的物质连续性与它们内部系统的物质加以中断”的结果。❸ 在西方人的世界观中，人是独立的。人的肉体，人的各种身体器官，与动物没有本质上的差别，但人在智力上和道德上拥有丰富的能力，因

---

❶ Philippe Descola, *Human natures*, in *Quaderns*, 2011, 27: 19.

❷ Graham Harvey, Things Act: Casual Indigenous Statements about the Performance of Object-persons. In Vernacular Religion in Everyday Life. Expressions of Belief. Marion Bowman & Ülo Valk（eds.）. London, New York: Routledge. 2015, P194–210.

❸ Philippe Descola, *Beyond Nature and Culture*. Chicago, London: The University of Chicago Press, 2013, P173.

此成为自然界的优等物种（根据这一观点，昆虫与人类基因是接近的，但自我意识是人类独有的。）

菲利普·德斯科拉提出："万物有灵论的本体论者的一个典型特征是赋予万物以变形的能力，各种变形对象具有内在相通的特点。人可以变为兽类，兽类可以从一个动物变为另一种动物；某种动植物又可以脱去表皮寄魂于人体之内。"[1]

本节所要讨论的，是以人类学的本体论还并不足以解释的一种民俗现象，即民俗信仰中的人兽变形，并由此讨论如何将体裁分类作为一种民俗思维模式进行研究。本节尝试通过一个非欧洲的、来自印度的民俗信仰个案研究对此加以说明。在这个个案中，经验性的现实与想象性的范畴，两者的边界并不是完全重合的，相反，在当地的民俗信仰中，在口语文本中，两者是不断对话的、协商的。当地民俗体裁的一个功能就是面对超自然界，将其神秘化，并生产信仰。民俗信仰中的超自然要素并不都是虚无想象的精神游戏，它们还有很多社会功能，甚至还能调整人际

---

[1] Philippe Descola, *Beyond Nature and Culture*. Chicago, London: The University of Chicago Press, 2013, P20.

关系，改变性别角色，提升人们的社会地位，帮助人们积极地解决现实问题，指引生活的新方向。与超自然信仰有关的民俗体裁的稳定性，取决于社区集体的社会需要，只要这种需要存在，就没有理由怀疑这些民俗体裁及其信仰形式会走向衰减或消亡。

二、印度阿萨姆邦的宗教与民俗[1]

我将使用我本人 2007 年至 2015 年在印度麻涌进行八次田野作业的资料，讨论一种非欧洲宗教文化的，而属于东方国家印度本土的宗教与民俗。

阿萨姆邦，位于印度东部，当地文化多样、语种丰富、宗教门派林立，是印度教的发祥地之一，史称“迦摩缕波”。著名的卡玛可雅庙坐落在尼拉沙尔山上。库尔德密宗在婆罗门家族及其追随者的圈子里传承。附近还有古瓦哈提女神崇拜中心，女神也有多种，从泛印度教

---

[1] 本文中有关印度阿萨姆邦宗教与民俗的本土地名和宗教术语的中文翻译，得到北京大学印度学专家王邦维教授的赐教，特此说明。

的杜尔迦和迦利到本地神卡玛柯雅和克齐—克哈提都是[1]，其来历多与湿婆崇拜有关，湿婆经常变成人的伙伴或配偶。神话中的苏尼特浦尔一带（即今“提斯浦尔”）一带的国王班纳苏拉，按照传统的说法，也是皈依湿婆的。班纳苏拉是印度教的主神之一，在与毗湿奴（即黑天，黑天被认为毗湿奴的化身之一）的交战中失败，从此臣服于湿婆。这场神话大战象征 15 至 16 世纪印度寺庙中的婆罗门教崇拜与新毗湿奴派虔诚运动之间的冲突。商羯罗提婆（Sankaradeva，1449—1569）曾对此做过介绍，并对阿萨姆邦的宗教生活和乡村社会进行了改革。他还创建了施雷曼塔·山噶尔德协会，现在这个协会已经发展成为一个庞大的、很有影响力的宗教组织。该协会反对崇拜寺庙神偶，对其他婆罗门教派也采取排斥态度。除了印度教，阿萨姆邦还有本地宗教，一直在原住民中流传。它土生土长，信奉者也不少，包括提瓦人、卡尔比

[1] 卡玛可雅（Kamakhya）是一位密宗女神（Tantric goddess），其形象是印度教主流神话和地方女神的融合体（参见 Urban, Hugh B. 2011. *The Power of Tantra: Religion, Seχuality and the Politics of South Asian Studies.* London, New York: I. B. Tauris.P46-7）。克齐—克哈提（Kechai-Khati）原是指一种食肉动物，在当地指一个凶猛的地方女神，需要用活人祭祀。有时也被认为就是“迦利”（Kali）。

人、米克尔人、波多人、科奇人、克哈西人的社区、尼泊尔人、孟加拉人和比哈尔人；不过他们在文化上和种群上都被视为“边缘人”[1]。

阿萨姆邦的麻涌，地处马里加昂区，位于布拉马普特拉河的南岸，人口约12000人。麻涌的居民，有阿萨姆人，也有其他一些原住民部落的村民。印度教和本地宗教的不少传统、信仰和仪式都在这里保留下来。麻涌以魔法医疗远近闻名，民间治疗师和半职业的巫师云集。他们大多是男性，年龄平均在60岁左右，也有的更老一些。他们使用密教的坦陀罗咒语，辅以其他民间疗法，对本地和远道而来求医者施行魔法医疗、经文医疗和咒语医疗。总体说，麻涌是一个多族群杂居、社会文化扁平化的传统社区，麻涌人与阿萨姆邦人长期往来，对阿萨姆的语言和宗教都有多吸收，至今湿婆信仰依然强盛，湿婆-帕尔瓦谛神话在当地的地方知识中尚有遗痕。阿萨姆的第二大宗教伊斯兰教，还有基督教等，在麻涌也有所普及，但大多数麻涌原住民都不信印度教，而是信奉新毗湿奴教派。

---

[1] Philippe Ramirez, *People of the Margins: Across Ethnic Boundaries in* North-East India. Guwahati: Spectrum. 2014.

以上对麻涌个案点的整体宗教状况和基本特征做了概要介绍，我相信这样做是必要的，因为这能帮助大家了解当代阿萨姆邦乡村信仰和群体实践活动的位置与特征。

本节以下重点讨论麻涌本地的魔法医疗。需要说明的是，我的讨论重点不是魔法治疗师的超自然经验，而是他们的讲故事活动和伴随口语文本所呈现的知识。

三、亲历故事、伴随知识与虎人民俗

我对麻涌的田野作业长达八年，共对十多个治疗师做了访谈，其中有的已反复访谈。我从未将自己装扮成一个患者或客户去接近他们，而是坦白地说明自己是民俗学者，希望征得他们的同意，向他们了解民间医疗知识，然后将他们谈话的内容记录下来。幸运的是，并没有人将我拒之门外，倒是我自己需要考虑的是，对方将在什么地方、在什么程度上，回避我的问题，因为魔法治疗的细节具有很强的私密性，不能向外泄露。比如，在调查经文治疗的过程时，对方很信任我，让我记录了部分祷文。其实我也明明知道，治疗师为了维护自己的法力，是绝不会将全部祷文背给我听的。

在调查魔法治疗和咒语治疗时，我听说有的治疗师保存了密教咒语的古抄本，就向他们咨询。这种民间医疗文献极为珍贵，严格限定在家族圈内流传，有的传承了几个世纪，从来都秘不示人。当我问对方是什么样的抄本时，对方都会对你说："让蚂蚁给吃了。"听到这种回答，我感到无从判断真假。2009 年的一天，忽然有一位治疗师找到我，拿来了他保存的古抄本给我看，他的样子很自豪，给我的印象很深。在这些手抄本里，有当地

图 3　麻涌咒语治疗使用的古抄本。[爱] 于鲁 · 瓦尔克（Ülo Valk）摄于 2009 年。

密教的、毕萨尔教的多种咒语写本［Bisar- 咒语、Sunjara 咒语和 Sudarshana Cakra 咒语（*Bisar- Mantra-Puthi*, *Sunjara Mantra*, *Sudarshana Cakra Mantra*］，还有别的零散抄本。四年后，2013 年，我再去问他这些手稿时，他却对我说："都被蚂蚁吃了，吃了好几年了。"

民间手稿存藏于民间，肯定不会像书籍一样被精心呵护，但它们在不经意间被保存了几百年，流传至今，一旦被毁，令人万分痛惜。当地对保存咒语抄本还有一种信仰，就是要隆重地举行仪式，对神灵进行血祭，祈求神灵发挥神力，帮助治疗师保护手稿。没有履行仪式的治疗师，被认为会遭到神灵的惩罚，减去法力，还会给家庭和本人带来灾难。是否拥有咒语的古抄本，是鉴别治疗师是否属于当地世袭医疗系统的证据，治疗师藏有古抄本，就能增加个人的社会资本。

治疗师的法力，古老咒语的神秘性、咒语医疗的魔力、魔法药力的有效性，与传统超自然信仰与医疗的可靠程度，都构成了治疗师的特殊权力。从下面的个案中，我们可以看到，在麻涌民俗、本地宗教信仰和故事文本三者中，不确定性、模糊性，与社会公共领域接触的阈限，是当地魔法医疗和超自然信仰的共生品质。

早在 1905 年，阿萨姆邦的民俗学者和作家本努德哈·拉吉可霍瓦（Benudhar Rajkhowa，1872—1955）已经写过一本有名的著作，书名是《阿萨姆的妖怪学》，他在书中这样描写麻涌：“当地巫术闻名已久，每家都藏着戴尼（daini）或别的妖精助手。麻涌人要整治谁，就把戴尼派过去。他们还派戴尼把别人家的好东西给拿回来，据为己有。”[1] 本努德哈·拉吉可霍瓦列还在书中提供了麻涌的故事母题和相关信仰：

> 一只鸽子，被某人烹熟了，吃下去，又在那人的胃里活过来，它使劲地抖落翅膀，把那人给整死了。
>
> 一个人，把米饭和牛奶一起咽下去，消化不了，米饭就在胃里扎了根，他不到半年就被撑死了。
>
> 一个人，被坐垫粘上了，拿不下来。治疗师给他念咒语，坐垫就从他身上掉下来了。

在阿萨姆民俗中，这类故事家喻户晓。故事的情节还

---

[1] Benudhar Rajkhowa, *Assamese Popular Superstitions and Assamese Demonology*.Guwahati: Gauhati University Press. 1972. First published in 1905. P146.

差不多都提到麻涌与外来人的关系，说外来人如何忌惮麻涌，如何把麻涌看成是危险的陷阱。在西方人和殖民主义的学术研究中，曾将麻涌的魔法医疗与“黑巫术”相联系。在阿萨姆英语中，也有描述这类的词语，它们与新毗湿奴教派对魔法医疗的禁令暗合，增加了外界对魔法医疗的恐惧心理。魔法医疗遭到否定的另一个背景是，新毗湿奴教派取缔了魔法医疗的仪式，而新毗湿奴教派又是阿萨姆邦的支配性宗教，这就给魔法医疗造成了更大的压力。麻涌的治疗师都对新毗湿奴教派有抵制情绪，一位治疗师说，在祈祷大厅里，新毗湿奴教派和魔法治疗师是两拨人，从来不坐在一起。他的谈话也有意避开新毗湿奴教派，认为彼此是两种人。当问起“黑巫术”的时候，大多数治疗师都一口否定，只有个别人的态度比较模糊。

在田野访谈中，被访谈人还提到，治疗师都认为，魔法治疗与催眠术和幻觉不是一回事。一位治疗师说：“催眠术也好，幻觉也好，都是巫师的小把戏，是他们利用超自然信仰制造逼真的幻觉，比如，他们要么将自行车的链条变成一条蛇；要么将某人扎伤或砍头，血溅如注，其实都是用假象瞒过信众的眼睛。密教咒语的治疗不是制造幻觉，的确能产生神奇的力量，让治疗师和患者平等地分享信仰。当代阿萨姆邦也不乏怀疑魔法医疗的人，也有人不再相信宗教，但这不等于他们就绝对不去找麻涌的治疗师咨询。

从田野调查中被访谈人的回答看，迄今为止，麻涌的治疗师一直都在进行魔法治疗，也一直在抵制使用催眠术或幻术，但要这两者都消失也是不可能的。

麻涌的魔法医疗有自己的故事，故事的母题是人兽变形，其中令人惊骇的故事是“虎人”（Were-Tigers in Mayong）。当地老一辈的麻涌人都会讲虎人故事，了解虎人民俗，它们的流传与麻涌本地的克齐—克哈提信仰有关。据故事讲，从前当地有很多人都变成了猪、驴、绵羊或山羊，还有人变成了老虎。

我访问了当地的故事讲述人普拉宾·赛奇雅（Prabin Saikia）先生，他的家庭世居麻涌，属于吠舍种姓，他本也是麻涌的魔法治疗师。他的本事是从他姑父那里学来的，他姑父是一个出名的治疗师。他的妻子是从附近的村子里嫁过来的。据他说，这里周围的很多乡村都有虎人故事。听普拉宾·赛奇雅讲故事，可以近距离地观察麻涌的虎人民俗。

我们首次见面是在 2009 年 1 月 21 日，通过这次访

图 4　印度阿萨姆邦麻涌的魔法治疗师普拉宾 · 赛奇雅（Prabin Saikia），［爱］于鲁 · 瓦尔克（Ülo Valk）摄于 2009 年。

谈，我知道了人兽变形的大概过程。

> 你去找一跟长的、软的、卷曲的香蕉叶，叶子的顶部要有黑点。再选个吉日，在占星历书上做标记，把这页折起来。再把香蕉叶展开，但不要撕破。把香蕉叶铺在地上，在叶子上涂红色的朱砂条纹和芥末油，涂满之后，再看香蕉叶，就像一只虎。你再将香蕉叶朝北放好。然后找一个僻静的地方，裸体躺在香蕉叶上，默念咒语，从左向右转，你就会突然变成老虎。

普拉宾·赛奇雅说，他知道人变老虎的所有细节，就是不知道虎怎样变成人，这需要念还原的咒语，他不会。姑父多次说过要把这个咒语教给他，但姑父走得太急，还没等教就过世了。我又问他，人变老虎的目的是什么？他回答说，从前没有猎枪，人们就把自己变成老虎，去捕食野猪或鹿，回来养家糊口。他们变老虎的另一个用意是吓走野猪和鹿，阻止这些野兽祸害庄稼。他还讲了另一个故事，很悲惨。一个部落男子变成了老虎，但发生了意外，产生了可怕的后果。

> 有个米克尔［卡尔比］人，住在布拉麻涌一带，要变成老虎。他先拿来一条披肩（当地叫“gāmosā”），对它念咒语，让它有魔力，然后把它交给妻子，让妻子站到房顶上去。他捕了一只鹿，回到家，把鹿放在院子里，围着房屋大叫，这时妻子要把那条念过咒的披肩扔给他。一旦披肩披上身，他就会睡着，然后从老虎变成人。……但这次当妻子把那条披肩扔给他时，披肩没有落到他的身上，妻子就想用竹竿把披肩挑起来再递给他，不料瞬间意外发生了，老虎咬住了那根竹竿，把妻子从屋顶上拽了下来，吃掉了。从此当地

再也没有人变成老虎了。这种风俗已经消失很久了。

普拉宾·赛奇雅说，他是小时候听父亲讲这个故事的，那时各村都有这类故事。有人说，那个虎人叫莱特鲁（Leteru），他妻子是意外死亡的，却被说成给老虎吃了。在同一次访谈中，普拉宾·赛奇雅又讲了一个故事异文，说女子变成了猪。他对人变猪的过程解释说，与变虎的过程差不多，不同的是，变虎要在香蕉叶上涂朱砂和芥末油，变猪要在香蕉叶子倒煤和灰。以下是他讲的故事：

> 一天，一个女子变成猪，到庄稼地里吃稻谷，返回时，被田主撞见，田主就开了枪，但子弹没有击中猪的要害，只打穿了猪的耳朵。
>
> 我们是小时候见到她的，那时她已经很老了，还没有死。

普拉宾·赛奇雅说，那个变猪的女子要是知道变人的咒语，就会很快变成人，躲开田主的射击。他回忆说，他童年时，虎人的民俗依然存在。后来“文明的光芒照进了乡村”，人们知道人兽变形是不正常的行为，就停止了。

但是，虎人故事依然保留在麻涌人的记忆中，透射出一段古老的岁月，过去老虎的确是在这一带出没的。后来老虎消失了，虎人信仰也跟着褪色了。

四、最后的问题和结论

在有关民俗信仰的故事叙事中，特别是在传说体裁中，其可信性特征的功能是什么？它们怎样迷惑世界？怎样在故事世界和社会现实之间创造阈限空间？传说怎样引导人们对超自然本体产生知性的回应？（如万物有灵论？）是否在虎人民俗、讲述虎人故事的可信性，与听众接受虎人民俗之间，存在着矛盾？讲故事果然能把民俗信仰变成事实吗？这些都是需要我们进一步思考的问题。

我们通过比较普拉宾·赛奇雅的不同故事文本，可以看到，隐藏在所谓可信性资料背后的是差异。故事讲述人怎样说服日常现实中的听众？怎样让听众相信他们并认同他们的故事？这种种可能性是怎样产生的？如果它们之间没有事实上的一致性，那么故事中充满矛盾的地方又是怎样被化解的？对此我们还需要讨论。

卡丽娜·高斯基（Kaarina Koski）对叙事世界与真实世界之间的距离，以及距离如何被讲述活动加以调整，做过深入的研究。她的观点是，首先，故事是现实的；故事讲述人强调所叙述的是社会现实。讲述人在故事讲述活动中所界定的时空范围就是“这里”和“现在”。其次，她将故事中的复合因素，包括故事世界里的其他成分，如超现实的情节和戏剧化的情节等，都视为故事特征的组成部分予以研究，[1] 认为它们始终都是围绕在故事周围的要素。故事中的超现实和戏剧化成分越多，日后就越可能被转化为社会现实情节，对此卡丽娜·高斯基称之为“有距离的故事世界”。有距离的故事世界、故事讲述人和听众三者所处的时空环境，也许相距甚远，造成故事中的被叙述事件与日常现实存在不一致性，但也正是这种故事，既带有传奇和幻想色彩，又始终未与现实世界和民俗信仰发生分离。[2]

---

[1] Taleworld is a term coined by Katharine Young（1987）, referring to the time-space of narrative events, which is made manifest through the story realm, the social situation of storytelling.

[2] Kaarina Koski, *Narrative Time-Spaces in Belief Legends*.In Mirjam Mencej（ed.）*Space and Time in Europe: East and West, Past and Present*. Ljubljana: Oddelek za etnologijo in kulturno antropologijo. Filozofska fakulteta, Univerza v Ljubljani. 2008, P347-349.

民俗学者对于有距离的故事世界和超自然信仰的研究成果，对我们解释普拉宾·赛奇雅等的亲历故事也许大有帮助。故事讲述人将人生故事与故事世界混合一起，就将自己变成了传统故事世界中的表演者，并与超自然界中的参与者一起登台表演。有了他们的讲述活动，有距离的故事世界与日常现实的距离似乎被缩短了，讲述人就仿佛是故事中的主人公一样，成为往昔事件的亲历者和目击人，可以清晰地描述具体环境中的每个细节，甚至能做到如数家珍。故事学者经常说，应该将故事的可信性特征视为故事讲述人的一种叙事策略，讲述人通过这种策略去赢得听众的信赖。[1] 我们所看到的是，故事讲述活动的社会效果是让每个口语文本都变成真实事件，即使我们认为民俗信仰传统具有多样性，它也会对此不断地做出修正。还有诸如此类的一些问题，我们需要一步步地进行讨论。

---

[1] Richard Dorson, *Legends and Tall Tales.*, in Folklore: Selected Essays. Bloomington and London: Indiana University Press, 1972,P160。Bennett, Gillian, *Legend: Performance and Truth.*" In Gillian Bennett and Paul Smith（eds）*Monsters with Iron Teeth: Perspectives on Contemporary Legend*. 1988, Vol. 3. Sheffield: Sheffield Academic Press. P25. Oring, Elliott , *Legendry and the Rhetoric of Truth* in *just Folklore: Analysis, Interpretation, Critique.* Los Angeles, Cal.: Cantilever Press. 2012, P104-152.

第五节
民俗与他者：传说构建社会现实

传说是一种民俗体裁，通常被用于表达、验证和质疑信仰。传说能扩大信仰的能量，使之变成思想观念、精神意象和民众态度。传说还能进入叙事母题，产生故事情节，其情节往往与讲述人所身处的物质条件和社会环境相粘连。然而，传说也不会被限定在宗教和超自然信仰的范围，它的基本定位仍是日常现实，是表达日常现实生活的体裁，同时参与分享民众的现实态度。传说不可能与讲述它们的社会现实相分离，社会现实也不可能游离于传说之外。传说借助于语言媒介，在公共领域和私人领域的日常交流中，在口语文本、书写文本和印刷物的各种体裁中，积极地参与社会现实的构建。本节讨论的重点，正是要对传说做出比较全面的诠释。

一、民族解放运动与民俗的爱沙尼亚化

直至19世纪初，讲爱沙尼亚语的主要是乡村农民，地主贵族和上层精英讲波罗的海德语。爱沙尼亚按社会阶层划分和种族划分，都可以分为讲爱沙尼亚语和德语两部分，双方交流很少，但也不等于完全隔绝。他们都属于基督教的路德教派，会在宗教上相互影响，在农业庄园的生产生活中也有日常往来。回溯到17世纪晚期，爱沙尼亚有了第一所农民学校，到19世纪初，农民已普遍识字。

在政治控制和行政管理方面，爱沙尼亚曾是俄国沙皇统治下的一个省。但由于爱沙尼亚的官方语言是德语，又使爱沙尼亚在文化和精神上与西欧国家有联系。1802年，爱沙尼亚塔尔图大学获得重建，爱沙尼亚的文化和精神再度靠向西方，国家对西方知识分子更加开放，而把西方思想引入爱沙尼亚的，正是讲波罗的海德语的知识分子。在19世纪初的10年，这些知识分子受到了爱沙尼亚本土学者的欢迎，被引进塔尔图大学执教，带来启蒙主义和浪漫主义的新思潮。1816年，爱沙尼亚北方的爱斯特兰德省废除了农奴制；1819年，南方

省份莱福兰德也取消了农奴制，从此农民获得了受大学教育机会。大约正是在这一时期，启蒙主义思想家嘉莱伯·荷尔文格·马克在自己的著作中，写下各民族权利一律平等的观点，为爱沙尼亚本土文学的产生奠定了基础。[1]爱沙尼亚早期的文学家，如弗里德曼·罗伯特·法尔曼（Friedrich Robert Faehlmann）等，还是用德语写作的，他们用这种方式，表达爱沙尼亚被压抑的民俗所能达到的艺术水准。前面提到，弗里德曼·罗伯特·法尔曼的史诗著作《爱沙尼亚圣战》模仿希腊、罗马和德国神话的模式撰写，歌颂在基督教传入前爱沙尼亚古老神话的影响和美好的生活，广受欢迎。其实，18 世纪和 19 世纪初的爱沙尼亚文学创作都有这个倾向。1857—1861 年，弗里德曼·雷霍德·柯卢兹沃德（Friedrich Reinhold Kreutzwald），出版了爱沙尼亚史诗著作《卡列维伯格》（*Kalevipoeg*）。史诗的主人公卡列维伯格是传说中的爱沙尼亚古代英雄之子，深受爱沙尼亚人民的爱戴，此著出版后获得极大的好评，成为爱沙尼亚专业文学诞生的

---

[1] August Annist, *Friedrich Reinhold Kreutzwaldi "Kalevipoeg"*. Eesti Kirjandusmuuseum, Eesti Keele Sihtasutus, Tallinn, 2005。

标志，同时也被视为爱沙尼亚民族文化史上的一块里程碑。爱沙尼亚学术界的另一个期待是能出现爱沙尼亚民俗研究著作，弗里德曼·雷霍德·柯卢兹沃德成为不负众望的人。他使用弗里德曼·罗伯特·法尔曼留下的资料，开展了这方面的工作。他是一个富有创造力的人，在《卡列维伯格》一书中，他将爱沙尼亚民俗和他本人的诗歌创作结合在一起，书写了古代爱沙尼亚国王的神话传奇。弗里德曼·罗伯特·法尔曼还开创了爱沙尼亚神话研究的先河，弗里德曼·雷霍德·柯卢兹沃德和其他少数作家继往开来，对本民族文化遗产继续加以利用，赞美爱沙尼亚在 13 世纪德国入侵前的黄金时代。弗里德曼·雷霍德·柯卢兹沃德在《卡列维伯格》史诗的最后一段发表预言说，等到英雄之子卡列维伯格归来，必将为爱沙尼亚人民带来前所未有的新生活。作者将一部史诗与一种恢复古老黄金时代的渴望联系在一起，使人民想象中的新国家蓝图如朝阳般冉冉升起。

在 19 世纪中期，爱莎尼亚除了文学崛起，还通过了新平均地权法，引发了乡村社会结构的改革。农业庄园纷纷以货币地租取代劳动力，农民纷纷购买土地，当上了庄园主。[1] 土地所有制的变化，加快了爱沙尼亚乡村的社会分层。农民、租户、农场工人和其他失地工人曾经处于社会底层现在成为新的社会阶层。比起身份独立的农民，讲波罗的海德语的地主贵族仍然掌握政治话语权，不过在民族与社会阶层划分上，他们还是“他者”。但在这场社会变迁中，接受了大学教育的爱沙尼亚人与贵族的“他者”也一道发动了民族运动，共同参与新国家的构建。双方都通过口语文本和书写文本的渠道，在公共领域和私人领域的不同场合，表达爱沙尼亚民族文化的特质，包括做自豪的爱沙尼亚人，说爱沙尼亚语，举办爱沙尼亚庆典活动，并广泛争取社会团体、学校和教堂的支持，有人还成为这场运动的领袖。这一时期的报刊、小说、教科书和爱沙尼亚语版读物也都发挥了作用，合力塑造爱沙尼亚民族意识。以报刊为例，雅各布·霍特曾在 1888 年的报刊上发表文章，呼吁记录爱沙尼亚的古老民歌、故事和其他古代文化财富。他的文章发表后，引来了一批志同道合的响应者。他们追随他的理想，跟

[1] T.U.Raun, *Estonia and the Estonians*. Second Edition. Hoover Institution Press, Stanford University, Stanford, California,1991,P49-50。

他一起搜集民俗资料，为国家积累文化新财富。

在此期间，民俗通俗读物大都采用爱沙尼亚语和民众用语作为书名面世发行。它们模仿史诗《卡列维伯格》的叙事风格，或者模仿弗里德曼·雷霍德·柯卢兹沃德的神话故事编著，创作其他作品，让爱沙尼亚读者感受到，他们有资格拥有自我认同，他们正是新“国家”的主人。其他一些欧洲国家也有跟爱沙尼亚一样的经历，爱沙尼亚人是他们的榜样。在这些国家中，民族语言成为凝聚民族的旗帜和联结民族遗产的纽带。“这种文化民族化的过程和结果，同时离不开新兴资产阶级在公共领域的创造活动，他们建设了新的对话平台”[1]。

爱沙尼亚文学家还创作了一批历史小说，演绎古代爱沙尼亚人民为国家自由而战的英雄探险事迹和浪漫故事，代表作有爱德华·伯霍和（Eduard Bornhöhe，1862—1923）的《复仇者》（1878）和《卫卢之战》（1889），在安德森·萨尔（Andres Saal，1861—1931）的历史小说中，对传说中的13世纪战役为争取自由而战的民族英雄做了浓

---

[1] O.Löfgren, The nationalization of culture, *Ethnologia Europaea*,1989,19（1），P16.

墨重彩的描述。在这一时期，爱沙尼亚也诞生了现实主义和批判现实主义小说，如爱德华·维尔德（Eduard Vilde，1865—1933）的批评爱沙尼亚社会问题的小说等，他的《到冷土去》（1896）扬名一时。在19世纪后期的几十年中，在爱沙尼亚文学领域建立小说体裁方面，安德森·萨尔和爱德华·维尔德都起到关键作用。

本尼迪克特·安德森（Benedict Anderson）指出，在许多社会中，报刊和小说是平行传播的。在构建民族国家方面，报刊和小说赋予被构建对象形象化和共同体的作用。虽然报刊和小说有体裁差异，往往传达不同的思想特征，但它们又共享一种构建程式，如本尼迪克特·安德森所说："阅读一种报刊，就像阅读一本小说，它们的作者都放弃了中心情节而直奔思想。"[1] 报刊与小说都宣称自己的社会导向，都能够在同一出版物中容纳不同的观点，甚至都能发表持反对意见者的文章，这就都为多种声音提供了舆论阵地，它们还参与社会意识形态的讨论，从不回避自己的社会倾向，这也是两者的共

[1] B.Anderson, *Imagined Communities: Reflections on the Origin and Spread of Nationalism*. Verso, London, New York, 1991, P33.

同点。

巴赫金曾对欧洲在相同历史语境内产生的文学体裁进行过研究，指出，在各种体裁中，要特别关注制造神话的史诗与小说运动，正是它们确立了“独立的、杂语混合的和知性的多元化”，锻造了带有多样思想倾向的、无处不在的、对话的新品质。[1] 这种小说新品质的表层化是一个历史过程，巴赫金指出它的特点：

> 在变得更加自由、更加灵活之前，它们的语言已通过混合文学之外的杂语，而自我更新，再纳入“小说的”文学语言，变成了对话的、弥漫着笑声、讽喻、幽默和自我嘲弄的风格——结果，最重要的是——小说被嵌入（渗入）他者的体裁，生成一种不确定性，一个开放性的语义系统，一种与未完成的活态生活相联系的，而且还在不断介入当代生活的现实（开放的现实）。[2]

---

[1] Mikhail Bakhtin（Бахтин, М. М. *Проблемы поэтики Достоевского*. Собрание сочинений. Т. 6. Русские словари, Москва, 2002, P10, 51.

[2] Mikhail Bakhtin, *The Dialogic Imagination: Four Essays by M.M. Bakhtin*. University of Texas Press, Austin, 1981, P7.

巴赫金的这种体裁学理论本身就是一个开放性的体系，他将文学、民俗、传统口语文本和书写文本加以整体讨论。他的小说化概念的内涵宽泛，已被广泛地应用到各种社会文化现象的研究中去，尤其为口头传统、书面文献和相关出版物等公共文化研究领域所应用。

分析 19 世纪爱沙尼亚文学和民俗学出版物，我们也可以注意到它们小说化现象的几个特征，例如，产生新的文学体裁，民俗学的体裁分类理论得到了新的建设与发展。我们还能发现其他“系统地形成其小说化体裁的实践活动”[1]，及其表述话语中所存在的平行的、对话的功能，如强调虔诚的、启蒙的、科学的、农业的、资本主义的和民族国家的话语。它们建立在公共体制的基础上，以变革社会和改造人民的精神世界为目标，发挥着自己的功能。

但是，按照福柯的观点，民俗是不能进入“话语”系统的，因为民俗缺乏世界观的统一性，没有明确的传承目标，还缺少官方制度的支持。[2] 但民俗学学科的诞生

---

[1] M. Foucault, *The Archaeology of Knowledge*. Routledge, London, 2001, P49。

[2] M. Foucault, *The Archaeology of Knowledge*. Routledge, London, 2001。

对这种观点进行了有力的反拨。民俗学的兴起是从最初的民族国家独立诉求到后来的国家文化建设的结果，民俗学的学科建设是在国家项目中启动的工作，民俗学的发展正是一种话语化的实践活动。民俗学在长期建设中获得了学科独立自主发展的位置。

在民俗学理论方面，对“民俗”的概念的界定是前人留下的遗产。但是，民俗的传播不仅依靠民俗本身，也需要其他媒介的参与。爱沙尼亚报刊对民俗的推广就功不可没。从国家资源上说，还有两条平行线的推进也很重要，一条是大众传媒，一条是爱沙尼亚人的公共民俗意识。民俗传播需要分享大众传媒和国民的公共民俗意识这两个共同特点，吸纳不同社会观点，接受多元体裁的混合，提升民俗学的对话能力，促进口语文本在传承中构建社会现实，塑造社会态度。以往被单独研究的浪漫的诗歌、民族的史诗、教堂的合唱、爱国主义的演讲，与路德的赞美诗和布道词等，大都是独白的声音，未曾停歇。什么是独白？根据巴赫金的学说，它是一种作者全知观点的发布。全知观点是真理化的、正确性的，排除他者的错误和虚假说法的观点，并将这种全知观点对外宣布。[1] 与独白相对的是复调。复调，是对某种（言语或事件）中已被前人说过或听过的词语，换以新的色调和声调，加以反复引用和重新利用。在巴赫金的著作中，对复调的要素的讨论，提到了风格、谐虐、对话、日常现实的口头叙事等。[2] 许多新闻体裁和民俗体裁看中小说的品质，就是因为小说具有这类要素。巴赫金写过，小说的流行在于采用了“复调”，吸纳多种声音，具有对话性。[3]

复调、传统和互文性的概念，彼此互有联系，运用复调的理论可以促进对民俗的理解，解释它如何传承才能成为民族国家的文化遗产，或者说成为爱沙尼亚化的民族遗产。在爱沙尼亚，还有很多民俗手稿极富学术价值，是因为它们产生于搜集者和信息提供者之间的对话。民俗手稿所记载的，不是单纯的原文直录，而是搜集者与信息提供者双方对合作成果的修改和认同的成果。这

---

❶ Mikhail Bakhtin（Бахтин, М. М. *Проблемы поэтики Достоевского*. Собрание сочинений. Т. 6. Русские словари, Москва, 2002, P90-93.

❷ Mikhail Bakhtin（Бахтин, М. М. *Проблемы поэтики Достоевского*. Собрание сочинений. Т. 6. Русские словари, Москва, 2002, P207.

❸ Mikhail Bakhtin（Бахтин, М. М. *Проблемы поэтики Достоевского*. Собрание сочинений. Т. 6. Русские словари, Москва, 2002, P207..

种手稿就是含有对话元素的文本。有些民俗档案手稿是以搜集者记忆为主形成的资料，但里面混合着表演的成分，[1] 有搜集者和信息提供者两种声音，又被搜集者加以重新组织，瓦尔特·安得森（Walter Anderson）对此称为概念化过程。他认为，对这种文本的利用，要依靠文化传统中的“自正律”。当然还有许多民俗搜集者和故事讲述人使用不同的资源，重复前人的模式，模仿被通俗便宜书所公式化的“民众风格”去创作，制造了一种类似复调的产品，它们与巴赫金所说的复调是有区别的。这种情况在 19 世纪后期的爱沙尼亚经常能看到。

以往朴素的民间故事和传说看似粗糙，但其文本组织比任何作家作品都要厚实。一些爱沙尼亚搜集者将口语文本和书写文本的传统相综合，再度编写，然后将其成果纳入国家项目，他们有时还在这种手稿的标题中写明这种意图，然后予以收藏。这类文献如：《爱沙尼亚民间笑话》，《传统爱沙尼亚民间笑话》、《爱沙尼亚古代风俗、信仰与魔法技艺》、《爱沙尼亚古典故事》和《爱沙

---

[1] M.Hiiemäe, *Rahvajutte Maarja-Magdaleena kihelkonnast: materjale rahvajutusta- jatele*. Rahvakultuuri Keskus, Tallinn,1999, P3-4。

尼亚古代遗产》等。在前面多次提到的 19 世纪晚期雅各布·霍特编辑的民俗手稿中，就经常可以看到这类标题，这是他那个时代很有代表性的做法。❶ 他本人也很看重这种工作，称其能证明"人民蓬勃健康的爱国主义精神和对祖国炽热的感情"❷。他还认为，这是一种高尚的脑力劳动，应该给予高度评价。他将传统口语文本视为历史记忆资源，一种爱沙尼亚的编年史，一种关于祖先生活和历史事件的伟大叙事，这在他生活的时代是一种创新观点，他最早提出，民俗有保存古代思想和古代知识的特征，这个观点至今看来都是正确的。

爱沙尼亚是一个缺乏古代书写文本和历史文献的国家，爱沙尼亚人缺乏这种文献的滋养，正因为如此，民俗手稿就成为一种必要的补充。雅各布·霍特和他的同时代人的工作，将民俗与德国入侵之前的爱沙尼亚古代社会相联系，还有一种价值属性，就是对爱沙尼亚文化叙事体裁的构建。在 19 世纪的爱沙尼亚，盛行使用

---

❶ K.Peebo, & J.Peegel, *Igal puul oma juur. Murdetekste Jakob Hurda kogust.* Eesti Raamat, Tallinn.1989,P22, 94, 138, 206, 224.

❷ J. Hurt, *Mida rahvamälestustest pidada. Artiklite kogumik*. Eesti Raamat, Tallinn,1989,P81.

“古老”一词，其中被用来界定最多的，正是民俗的概念。民俗体裁随之被给予最大限度的认定。在各类民俗体裁中，被认定为古老的民歌、古老的故事、古老的谚语、古老的信仰等口语文本，都被视为值得记录的祖先文化，记录它们的目的是向子孙后代传承。19 世纪的这些工作对后来新民歌和新故事的价值化也产生了一定的作用。

将这些民俗搜集手稿面向爱沙尼亚读者出版，可以被理解为对民俗史料的再利用，也是将民俗手稿爱沙尼亚化和国家化的文化工程[1]，它具有历史基础，也有助于面向未来。

二、爱沙尼亚传说目的论的研究

如上所述，19 世纪爱沙尼亚的口语文本与出版物中的传说流传，与公共领域的对话不能分离。在各类对

---

[1] R. Bauman, *The nationalization and internationalization of folklore: the case of Schoolcraft's "Gitshee Gauzinee"*. in J.Handoo, & A.-L. Siikala, eds, *Folklore and Discourse,* 1999, 101-120. Mysore.

话中，都会经常接触到民俗体裁。在民俗体裁中，出现频率最高的是传说。传说是日常现实中的交流体裁，被大量用来讨论社会问题，包括邻里关系、村落冲突与人际关系的紧张和复杂等。托马斯·唐和里尼（Timothy Tangherlini）在研究 19 世纪的丹麦传说的著作中提到：

> 社会、经济、地理、政治和心理力量都是特定社会运行的重要影响因子，考察任何传统都应将它们的特征考虑在内。[1]

传说是与信仰相关的体裁。传说可以通过解释信仰的由来与实践，塑造集体精神世界和集体社会态度。传说所传达的思想被称为乡村“民众”的观点，能够为村落社区和地方社会提供认同。在爱沙尼亚乡村就存在这种情况。在 19 世纪末、20 世纪初搜集记录的爱沙尼亚传说中，就呈现了这样一种口头传统。当时农民身边正在发生社会结构分层。在传说中，他们在面对面的社会中

---

[1] Timothy Tangherlini, *Interpreting Legends: Danish Storytellers and their Repertoires*. Garland Publication, New York, London. 1994, P31.

生活，传说是他们日常交流的话语工具，他们也通过传说协调自我与他者的关系。

在这类传说中占支配性的母题是：魔鬼出没、死者作祟、巫术流行、替主人偷走邻家财产的妖精、森林精灵和水中精灵等。还有一些母题，如地下世界的民俗、天使和其他超自然创世者等，也出现在传说中。魔鬼、妖怪和巫术都是信仰对象，地下世界等传说往往站在它们的幕后。

爱沙尼亚的乡村社会、乡村社区与超自然的他者区域，这三者边界的划分，是爱沙尼亚传说研究必然触及的问题，当然它们之间也有很强的关联性。如前面所提到的，在 19 世纪中期以后，爱沙尼亚南北方的农奴制已先后废除，独立农民已大量涌现，讲波罗的海德语的地主贵族虽然还是强势社会阶层和最有优越感的“他者”，但爱莎尼亚农民对他们的猜疑、恐惧、敌意、嫉妒和不信任态度也长期存在。

大约从中世纪起，在爱沙尼亚民俗中，就有魔鬼德国化的倾向，这种倾向延续到 19 世纪末。让人不无惊诧的是，爱沙尼亚传说中的魔鬼变形最多的形象是地主、绅士和德国贵族。下面是一个例子：

图 5　房东正在喝咖啡（摄于爱沙尼亚西部库拉马教区路易斯特庄园）。这张照片提供了一种思想，即本节要讨论的爱沙尼亚地主贵族的生活方式。❶

有一次，几个人聊天，说到庄园的脱粒机要挂起来，一个人说，应该这样挂；另一个人说，应该那样挂；众口不一，最后大家决定先试试，看看挂起来究竟是什么样。他们将绳子绑在一根横梁上，让每个人轮流去挂。其中的一个人就把绳子绕到自己的脖子

❶ Figure l, Photographer unknown, around 1900. The photo collection of Estonian Na tional Museum, ERM Fk 887:103.

上，将自己挂上横梁。地主来到谷仓，见此情景，大喊："这是干什么？还不赶紧去干活！"大家四散逃走，忘记把绳套里的男子解下来，男子被吊死了。这个男子后来变成了地主，他通过变形的方法，保住了灵魂，还能拿到别人的灵魂。❶

"开玩笑让自己上吊"是世界大扩布类型（TMI 456，MI N334.2）❷。故事中的魔鬼有时也会变成野兔（芬兰、德国、英国和匈牙利民俗中都有此类型）❸，男人们着急去抓野兔，忘了他们还有一个伙伴吊在绳子上，那人就被糊里糊涂地吊死了。在爱沙尼亚传说中，野兔变地主

---

❶ Ü.Valk, *The Black Gentleman: Manifestations of the Devil in Estonian Folk Religion.* Folklore Fellows' Communications 276. Suomalainen Tiedeakatemia, Helsinki.2001,P75.

❷ M. Jauhiainen, *The Type and Motif Index of Finnish Belief Legends and Memo rates.* Folklore Fellows' Communications 267. Suomalainen Tiedeakatemia, Helsinki. 1998, P456. S.Thompson, *Motif-Index of Folk-Literature: A Classification of Narrative Elements in Folktales, Ballads, Myths, Fables, Medieval Romances, Exempla, Fabliaux, Jest-Books and Local Legends*. Revised and Enlarged Edition. Rosenkilde and Bagger, Copenhagen,1955-1958,N334.2

❸ See alsoÜ.Valk, *The Black Gentleman: Manifestations of the Devil in Estonian Folk Religion.* Folklore Fellows' Communications 276. Suomalainen Tiedeakatemia, Helsinki. 2001, P124.

的故事也不少，还有的讲魔鬼变成了德国人，母题都是相似的。

地主贵族是19世纪爱沙尼亚故事的中心角色，但这些地主贵族的形象又是比较复杂的和多面的。在一些民歌和口述史的记录稿中，地主贵族受到了肯定。传说讲，他们乐善好施、主持公道，在家庭圣诞节的庆祝活动中宴请农民，还给农民送圣诞礼品。也有的传说讲地主生性残暴、虐待农民，受到舆论的谴责。比较而言，民俗中的坏地主形象居多。据报道说，有几个庄园设有地牢，地主在地牢中动用刑具，鞭打不听话的农民，还对妇女施行性暴力。[1] 在下面一个传说中，庄园中的地主很迷信，总想用魔法控制农民。

过去庄园里的农民都是农奴，每当有新来的农奴进入庄园时，地主就要求监工在夜里给新农奴偷偷地剪指甲，而且要在新农奴入园后的第一个星期内完成。监工要剪掉新农奴手上的至少两个手指的指甲，

---

[1] M.A. Remmel, *Arad veed ja salateed. Järvamaa kohapärimus.* Eesti Kirjandus muuseum, Tartu. 2004, p28.

> 再把指甲丢到粮仓的墙缝里，据说这样就能使新农奴对地主忠心耿耿，好好干活。要是监工没有在第一个星期中剪掉新农奴的指甲，这个新农奴就会怠工，很快走掉。农奴们都不愿意让监工剪指甲，他们就想办法让监工昏睡过去，这样监工们不省人事，也就无法给他们剪指甲了。❶

在爱沙尼亚民俗中，坏地主会变成死魂灵作祟，他们的墓葬中有很多陪葬品，供身后享用。盗墓者经常光顾这种地方，希望能找金银财宝，发一笔横财。传说中的这些地主都是被妖魔化的。他们的死魂灵被惹怒后，也会从他界返回人间，更加威胁人们的生存。

有的传说讲，地主下到地狱去受苦，这在爱沙尼亚民俗中是常见的母题。一个传说讲，一个坏地主，临终时，来了一个魔鬼，拿走了他的灵魂。

> 人们都说，恶人死了，夜里刮大风，大风刮得很吓人，能把房子摧毁。路普乐庄园的地主去世时，就

❶ O.Loorits, *Eesti rahvausundi maailmavaade*. Perioodika, Tallinn, 1990. p12.

图 6　男爵巴勇 • 约翰 • 卡尔 • 苏坎顿（Baron Johann Karl Girard de Soucanton）和他的妻子（摄于爱沙尼亚北部尼古拉教区坤达庄园）[1]。

刮了这样的大风。传说这个地主经常虐待农工，棒打农工是家常便饭。他知道自己快要死了，就让人带来一只黑公鸡和一条四眼狗。他快要咽气时，突然爆发一声巨响，响了三次，然后就有火棍掉到地板上，他浑身颤抖，直到咽气。人们说，看见外面来了一辆马

[1] Figure 2, Photographer unknown, the beginning of the 20th century. The photo collec tion of Estonian National Museum, ERM Fk 887:601.

车，把他拉到地狱里去了。[1]

在爱沙尼亚的民俗信仰中有这样的说法：一只黑公鸡和一条四眼狗（指狗眼的上部有两块黑斑）在一起，能看见妖怪，还能把妖怪赶走。在地主们的眼里，这种驱妖法与上面说的剪指甲都是同类信仰。这类传说描述的地主形象都已被固化，都是要遭到惩罚的恶人，这种故事已被整合到爱沙尼亚的民俗信仰体系中。这种信仰的属性带有工具性，可以揭示乡村农民和地主贵族之间的社会边界。这种社会边界也是民族边界，长期横亘于爱沙尼亚农民与讲波罗的海德语的地主贵族之间，成为爱沙尼亚争取建设独立新国家的障碍。在 19 世纪中叶，关于爱沙尼亚的去向，曾有德国化的势头，一些人认为，这是一个积极的未来方案。爱沙尼亚人掌握了德语，就能获得受教育的机会，找到好工作，还有可能进入上层社会，这是一系列的上升台阶。爱沙尼亚人走上这些台阶，就能改善自己的社会地位。就连弗里德曼·雷霍

[1] Collection of Jakob Hurt, Estonian Folklore Archives.（H II 74, 359 < Pilistvere, Köov. - J. Keller [1905]）.

德·柯卢兹沃德也曾有这种想法，他曾为爱沙尼亚人创作了《卡列维伯格》史诗，挽回了爱沙尼亚的民族文化，但他也认为，德国化是爱沙尼亚人不错的未来。

当然，爱沙尼亚人民最终选择的方案是爱沙尼亚化，而不是德国化。他们通过维护母语的语种，发展母语的文学，记载和利用母语的民俗，构建了不同于波罗的海德语民族的爱沙尼亚国家认同。将地主贵族妖魔化与将魔鬼德国化，是对爱沙尼亚人建设独立国家的舆论支持。从这个意义上说，爱沙尼亚人的传说认同是第一步。在这些传说中，爱沙尼亚人与德国人的边界划分很清楚，要取消边界，或者越界德国化，都是不可能的。

在爱沙尼亚传说中，“民众”一词，要比现在所说的同质阶级（homogeneous class）的意义复杂得多。从前这个词指非上层统治阶级的社会成员，传说则强化了上层统治阶级与被统治阶级的界限，但在有些传说中，两者的界限又是模糊的。前面已经提到，爱沙尼亚 19 世纪下半叶社会分层加剧，农民购买土地和庄园，产生了向上浮动的社会流动，也有向下浮动的社会现象。对某些人来说，条件改善意味着经济成功；对另一些人来说，贫困化带来了更悲惨的命运。有些传说讲邻里一夜暴富

图 7　赶牛车的萨雷马岛农妇[1]

的故事就反映了这种情况。与之相对应的，是以往爱沙尼亚传说中似曾相识的妖精帮手“普客”像泡沫一样发酵，到处都是。“普客”偷钱、偷粮食和偷奶酪，返回家交给主人。你只要与魔鬼签一份血书合同，就能得到一个“普客”，也可以在市场上买一个“普客”，据说那些刑事犯通常会把自己的灵魂交给魔鬼，于是魔鬼手下就

[1] Figure3, Photographer: Carl Oswald Bulla, 1909. The photo collection of Estonian Na tional Museum, ERM Fk 90:6.

有很多“普客”。[1]

这类传说与爱沙尼亚乡村社会分层有某种联系。这类传说反复出现，传递了一些基本信息[2]，即某男子与某魔鬼签约，得到了一个妖精助手“普客”，然后就发财了。这种叙事模式大概传达了一种看法，就是很多暴发户原来没有经济基础，无土地、无劳力、无农具、无女仆，没有任何财富积累的过程，他们一夜暴富，在外人看来，就是发了不义之财。这种传说也反映了乡村社会的紧张关系：邻里竞争激烈，人人追求快速致富，渴望提高社会地位，为此发生了种种冲突。以下传说能说明，我们的分析具有一定的可能性。

> 两个农民住在邻村，土地面积相同，两人也都很能干，但一个富，一个穷。穷人怎么也想不明白，我俩一样的卖力，怎么他就比我富呢？最后穷人得出一

---

[1] Similar legends about witches' familiars were widespread in the Nordic countries, and also in Ireland. Parallels can also be found in the *nisse/tomte* figures in Nordic legends, which steal hay or come.

[2] T Tangherlini, *Interpreting Legends: Danish Storytellers and their Repertoires.* Gar land Publication, New York, London.. 1994. p41.

个结论：他家十有八九有“普客”，是“普客”偷了自己的粮食，让自己怎么干都穷。于是穷人来到森林，砍下了云杉树枝，晒干后，埋在自家的粮食里，再把粮食放进粮仓晾晒。等粮食晾干后，穷人脱粒、扬场、收仓。有一天，大旋风刮来，刮到穷人的院子里，刮进谷仓，刮过仓里堆积的粮食。穷人断定是“普客”来了，他就赶往邻村，去那个富人家，查看富人的粮仓。他看见富人也在扬场，富人的粮仓里也有云杉树枝。他一下子就明白了，原来富人家果然有“普客”，正是这个“普客”把自家的粮食运到这里来的。他就对富人说：“你要是再不收手，我就把巫师搬来，给你施魔法。”从那以后，富人家的“普客”就再也没到穷人家来，穷人变富了，变得跟邻村的农民一样富。❶

爱沙尼亚传说中有很多种妖精“普客”，上面提到的是最常见的几个母题，包括与魔鬼签约获得一个“普客”，“普客”是划破夜空的流火，“普客”是不安分守

❶ K.Peebo, & J. Peegel, *Igal puul oma juur. Murdetekste Jakob Hurda kogust.* Eesti Raamat, Tallinn. 1989, P175.

己、不好好给主人干活的妖精，等等。有的传说讲，把一个无法完成的任务交给“普客”，比如要求用某种唯一指定的方法拯救或放弃某人的灵魂，“普客”发现上当了，就发火了，把主人的房子给烧了。有的传说讲，“普客”是一个人工物，由不同的物件拼凑而成，魔鬼让它复活了。在某个星期四的晚上，在某个十字路口，它被交代以某种任务。还有的传说中有这样的母题：某人的魂魄离开肉体，四处游荡，盗窃或伤害自己的同伴。

“普客”的传说大多传达了贫苦农民的观点，农民借助这种传说，表达对为富不仁的主人的反抗。

一个农民，家境富裕，但没人知道他的财富从何而来。他从来没有进城买过鱼或鞋子，但他家总有鲜鱼吃，家人也都有鞋子穿。一个星期四的晚上，他们让孩子去鱼库取鱼，孩子端回来满满一盘鱼，喊道：“妈妈，妈妈，鱼库房里有个黑东西，正在吐鱼。”

妈妈斥责道：“别胡说，是黑猫在吃鱼。”“不，不，是黑猫在吐鱼”，孩子争辩道。

这时，长工和女仆都意识到这只猫是怎么回事，都不肯再吃鱼。晚上，长工听见男主人对女主人说：

“以后不要让孩子星期四晚上再去库房了，这个傻孩子，看见了什么，却不能闭嘴。”

长工明白星期四晚上吃了什么。他从树上砍了一根树枝，做成一根棍子，在棍子上刻了三个十字架。到了星期四的晚上，他悄悄地来到库房，等了一会儿，果然黑猫来了，开始在仓库里吐东西。他举起棍子打猫，猫跑了，从此不见踪影。这家主人的家境也很快一落千丈，最后穷到连农场也没有了。[1]

传说中所讲的地主妖魔化和魔鬼德国化，其背后的含义正是农民与地主贵族的社会边界的对峙。在19世纪后期，“普客”的传说流行一时，是由当时的社会变革造成的。当时的爱沙尼亚人口，或为地主，或为农民，分层流动皆有可能。人们便以讲“普客”故事的方式，在神秘的气氛中，解释经济暴富和社会地位向上浮动的人群的来历，同时也将另一部分富人妖魔化。那些表面上拥有“普客”的人变成了“他者”，他者将灵魂卖给了魔鬼，同时也就从基督教群体中被开除出去。但传说对致

[1] M. Hiiemäe, *Emand kaseladvas*. Eesti Raamat, Tallinn. 1988, p34.

图 8　爱沙尼亚农民用独轮车运输蔬菜❶

富的可能性和社会阶层流动的可能性都持肯定态度。

与“普客”的传说相反，在爱沙尼亚流传的大多数传统魔法故事中，在讲述穷人英雄和他们的神奇事迹时，都保留着小说化的成分。这些英雄传说里的人际关系是遵守社会契约的，并仿照现实世界的秩序行动，如牧羊人不能当国王，但他们在有公平机会的情况下可以成为

❶ Figure 4 ,Photographer: Bernhard Kangro, 1913.The photo collection of Estonian Na tional Museum, ERM Fk 90:6.

家乡的农场主。我们由此可以讨论传说的目的论，以及这种目的论的导向：它们强化、指导或阻碍社会的进程。它们也在一定程度上参与社会现实的建构，塑造那些分享这类传说的人民的未来。

结 论

本节重点讨论19世纪爱沙尼亚民俗中流行的两组传说。其中，一组传说遵守当时的社会秩序；另一组传说反映当时乡村社会分层的巨变，并予以评论；两者都对“传统参与者的小群体认同”给予肯定。[1] 另外，在19世纪爱沙尼亚传说中，还有一些信仰传说流传很广，如亡魂回到原先的家打扰生者的生活。这类死者作祟的说法，或许是对当时不稳定的、不停息变动的社会的象征性表达，生活于其中的人存有不安全感。

在爱沙尼亚民俗中，富人被魔鬼缠身，并不是遥远的

[1] T. R.Tangherlini,Rhetoric, *truth and performance: politics and the interpretation of legend*, Indian Folklife. A Quarterly Newsletter from National Folklore Support Centre, 2007, p8.

中世纪和前现代化时期的观念，而是 19 世纪末爱沙尼亚资本主义上升时期的特征。从这个角度看，传说是一种复杂的体裁，它们从不阻止超自然物的介入。它们在超自然空间中拥有物质的观念和精神的灵性，它们正是诗歌的、幻想的、历史的和社会的所有体裁混合发声的产物。

传说是一种表达思想的体裁，能陈述某种特定的世界观。传说也是与信仰有关的体裁，能够在社会急遽变化中传达人们的焦虑和不安全感，透视人们对不确定因素的恐惧，对经济稳定的渴望，以及解释社会心理中的某些重要方面。

传说是承载情感的体裁，保存了局内群体与局外群体的边界。

在传统的面对面的社会中，传说参与塑造乡村共同体；在 19 世纪，传说通过报刊和大量通俗民俗出版物，向爱沙尼亚人民解读民族文化，强化认同意识，对构建爱沙尼亚国家的“想象共同体”提供支撑。在 19 世纪，这些传说反映了传统进入地方共同体的力量，并在爱沙尼亚国家文本的生产过程中发挥了积极作用。对上述传说，我们完全有理由称之为“爱沙尼亚传说”（从各种解释的多层面的意义上理解）。

附录一
主要参考书目

第一节　民俗学的基本概念[1]

1. Ben-Amos, Dan 1984. *The Seven Strands of Tradition: Varieties in Its Meaning in American Folklore Studies*. Journal of Folklore Research, Vol. 21, No. 2/3.

2. Bakhtin, Mikhail; Medvedev, Pavel.1991. N. *The Formal Method in Literary Scholarship. A Critical Introduction to Sociological Poetics*. Baltimore and London: The Johns

[1] 译者注：此书目中的作者姓名，按照本书英文原著的“姓，名”排列法编排，以方便读者核对英文原著，译者未做任何改动。译者的工作有二：第一，将这些书目按本书“节”的体例划分开来，以方便研究者与其他专业读者根据各节的注释查找参考；第二，保留原作者使用多语种文献的特点，对英文原著中既使用英文书目，也使用俄语、爱沙尼亚语等书目的信息一律加以保留。

Hopkins University Press.

3. Bauman, Richard 2008. *The Philology of the Vernacular.* in Journal of Folklore Research, Vol. 45, No. 1.

4. Dundes, Alan 1999. ed. *International Folkloristics: Classic Contributions by the Founders of Folklore.* Lanham, Boulder, Oxford, New York: Rowman and Littlefield Publishers, Inc.

5. Honko, Lauri 1995. *Traditions in the construction of cultural identity and strategies of ethnic survival.* In European Review.Vol. 3, No. 2.

6. Pertti J.Anttonen 2005. *Tradition through Modernity: Postmodernism and the Nation-State* in Folklore Scholarship. Studia Fennica Folkloristica 15. Helsinki: Finnish Literature Society.

第二节　爱沙尼亚民俗学史

1. Annist, August, 2005. Friedrich Reinhold Kreutzwaldi, "*Kalevipoeg*". Toimetanud Ülo Tedre. Eesti Kirjandusmuuseum, Eesti Keele Sihtasutus. Tallinn.

2. DuBois, Thomas 2000. *The Narrators Voice in Kalevala*

and Kalevipoeg, In Oral Tradition, Vol. 15, No. 1.

3. Faehlmann, Friedrich Robert, 1999., *Teosed I.* Tartu: Eesti Kirjandusmuuseum.

4. Jaago, Tiiu, 2005a. *Friedrich Reinhold Kreutzwaldand the Cultural Bridge*, in Studies in Estonian Folkloristics and Ethnology:A Reader and Reflexive History, ed. Kristin Kuutma and Tiiu Jaago. Tartu: Tartu University Press.

5. Jaago, Tiiu, 2005b. Jakob Hurt:*The Birth of Estonian-language Folklore Research*, in Studies in Estonian Folkloristics and Ethnology: A Reader and Reflexive History, ed. Kristin Kuutma and Tiiu Jaago. Tartu: Tartu University Press.

6. Jürjo, Indrek,2004. *Liivimaa valgustaja August Wilhem Hupel 1737–1819*. Tallinn: Riigiarhiiv.

7. Kreutzwald, Friedrich Reinhold, 2011. *Kalevipoeg. The Estonian National Epic Eesti rahvuseepos*. Tartu-Tallinn: Kunst.

8. Kuutma, Kristin; Jaago, Tiiu, 2005. *Studies in Estonian Folkloristics and Ethnology: A Reader and Reflexive History*. Tartu: Tartu University Press.

9. Plath, Urike, 2008. *Euroopa viimased metslased: eestlased saksa koloniaaldiskursis 1770–1870. – Rahvuskultuur*

ja tema teised. Toim. Rein Undusk. Collegium litterarum 22. Tallinn: Underi ja Tuglase Kirjanduskeskus.

10. Pärnik, Ylo, 2006. *Dr. Georg Julius von Schultz-Bertram. Läbilõige ühe Balti idealisti maailmavaatest Eesti kultuuriloo üldpildis*. Ilmamaa: Tartu.

11. Seljamaa, Elo-Hanna, 2005. Walter Anderson: *A Scientist beyond Historic and Geographic Borders*, in *Studies in Estonian Folkloristics and Ethnology: A Reader and Reflexive History*, ed. Kristin Kuutma and Tiiu Jaago. Tartu: Tartu University Press.

12. Västrik, Ergo-Hart 2005. *Oskar Loorits: Byzantine Cultural Relations and Practical Application of Folklore Archives*, in *Studies in Estonian Folkloristics and Ethnology: A Reader and Reflexive History*, ed. Kristin Kuutma and Tiiu Jaago. Tartu: Tartu University Press.

第三节　民俗学的互文性研究方法：魔法故事研究

1. Aarne, Antti, 2018. *Etiological Legend Type No10*, see

Antti Aarne（1918）, *Estnische Märchen- und Sagenvarianten.* Folklore Fellows' Communications No. 25. Hamina: Academia Scientiarum Fennica.

2. Briggs, Charles & Bauman, Richard, 1992." *Genre, Intertextuality and Social Power*" ,in Journal of Linguistic Anthropology. 2（2）.

3. Morson, Gary S. and Emerson, Cary I, 1990. *Mikhail Bakhtin. Creation of Prosaics*, Stanford, California: Stanford University Press.

4. Ingemark, Camilla Asplund, 2004. *The Genre of Trolls: The Case of a Finnish-Swedish Folk Belief Tradition.* Åbo: Åbo Akademi University Press.

5. Loorits, Oskar, 1957. *Grundzüge des estnischen Volksglaubens* I-III. Uppsala: Lundequistska Bokhandeln & Köpenhamn: Munksgaard. Loorits.

6. Tarkka, Lotte, *1993.Intertextuality, Rhetorics and the Interpretation of Oral Poetry: The Case of Archived Orality,* in Pertti J. Anttonen and Reimun Kvideland,ed. *Recent Issues in the Study of Modern Traditional Culture in the Nordic Countries.* In Nordic Frontiers, Turku: Nordic Institute of Folklore.

7. Thompson,Stith, 1957. *Motif-Index of Folk-Literature. A Classification of Narrative Elements in Folktales, Ballads, Myths, Fables, Medieval Romances, Exempla, Fabliaux, Jest-Books and Local Legends*. Revised and Enlarged Edition I–VI. Copenhagen: Rosenkilde and Bagger.

第四节　人类学本体论的转向、亲历故事与人兽变形民俗

1. Bennett, Gillian 1988. "*Legend: Performance and Truth*." In Gillian Bennett and Paul Smith (eds) *Monsters with Iron Teeth: Perspectives on Contemporary Legend*. Vol. 3. Sheffield: Sheffield Academic Press.

2. Beggiora, Stefano 2013. "*Tigers, Tiger Spirits and Were-tigers in Tribal Orissa*." In Fabrizio M. Ferrari and Thomas Dahnhardt (eds) *Charming Beauties and Frightful Beasts: Non-Human Animals in South Asian Myth, Ritual and Folklore*. Sheffield, UK and Bristol, CT: Equinox.

3. Bora, D. K. 2000. "*Lycanthropic Tales of the Tani*

Group of People of Arunachal Pradesh." In Soumen Sen (ed.) *Tradition and Folklore of North-East India* (*Com- memoration Volume of Professor Praphulladatta Goswami*) . New Delhi: Uppal Publishing House.

4. Descola, Philippe 2011. "*Human natures*." *Quaderns*.

5. Dorson, Richard 1972. "*Legends and Tall Tales*." *Folklore: Selected Essays*. Blooming ton and London: Indiana University Press.

6. Hutton, J. H. 1920. "*Leopard-Men in the Naga Hills*." journal of the Royal Anthro- pological Institute of Great Britain and Ireland 50 (Jan.-Jun.) .

7. Kharmawphlang, Desmond 2001. "*In Search of Tigermen: The Were-Tiger Tradi- tion of the Khasis*." India International Centre Quarterly 27/28 (Winter 2000/ Spring)

8. Koski, Kaarina 2008. "*Narrative Time-Spaces in Belief Legends*. " In Mirjam Mencej (ed.) *Space and Time in Europe: East and West, Past and Present*. Ljubljana: Oddelek za etnologijo in kulturno antropologijo. Filozofska fakulteta, Univerza v Ljubljani

9. Lyngdoh, Margaret 2015. "*Tiger-Transformation within*

the Khasi Community of *North Eastern India: Belief Worlds and Shifting Realities.*" Forthcoming in *Anthropos* 110（2）.

10. Oring, Elliott 2012. "*Legendry and the Rhetoric of Truth.*" *just Folklore: Analysis, Interpretation, Critique*. Los Angeles, Cal.: Cantilever Press.

11. Rajkhowa, Benudhar 1972. *Assamese Popular Superstitions and Assamese Demonology*.Guwahati: Gauhati University Press. First published in 1905.

12. Ramirez Philippe 2014. *People of the Margins: Across Ethnic Boundaries in North-East India.* Guwahati: Spectrum.

13. Urban, Hugh B. 2011. *The Power of Tantra: Religion, Sexuality and the Politics of South Asian Studies.* London, New York: I. B. Tauris.

14. Valk, Ulo and Neelakshi Goswami 2013. "*Generic Resources and Social Boundaries of Magic in Assam: Fieldwork Notes from Mayong*. "in journal of Folkloristics（Folklore Research Department, Gauhati University）.

15. Vitebsky, Pierre 1995. *The Shaman: Voyages of the* Soul, *Trance, Ecstasy and Healing from Siberia to the Amazon*. London: MacMillan in Association with Duncan Baird Publishers.

16. Voigt, Vilmos 1999a. "'*Text-Context' Researches in Folklore*." In *Suggestions Towards a Theory of Folklore*. Budapest: Mundus Hungarian University Press.

17. Voigt, Vilmos1999b. "*Why Do People Lie? Origins of the Biographical Legend Pattern*." *in Suggestions Towards a Theory of Folklore*. Budapest: Mundus Hungarian University Press.

18. Willerslev, Rane 2007. *Soul-Hunters: Hunting, Animism, and Personhood among the Siberian Yukaghirs*. Berkeley, Los Angeles and London: University of California Press.

19. Young, Katharine G. 1987. *Taleworlds and Storyrealms: The Phenomenology of Narrative.* Dordrecht: Martinus Nijhoff Publishers.

第五节　民俗与他者：传说构建社会现实

1. Anderson, B. 1991. *Imagined Communities: Reflections on the Origin and Spread of Nationalism.* Verso, London, New York.

2. Annist, A. 2005. *Friedrich Reinhold Kreutzwaldi„*

Kalevipoeg “. Eesti Kirjandusmuuseum, Eesti Keele Sihtasutus, Tallinn.

3. Bakhtin, M. 1981. *The Dialogic Imagination: Four Essays by M.M. Bakhtin.* University of Texas Press, Austin.

4. Bakhtin 2002 = Бахтин, М. М. (2002) *Проблемы поэтики Достоевского.* Собрание сочинений. Т. 6. Русские словари, Москва.

5. Bauman, R.1999, *The Nationalization and Internationalization of Folklore: the Case of Schoolcraft*'s “*Gitshee Gauzinee”*.in Handoo, J. & Siikala, A-L. (eds) *Folklore and Dis course*, 101-120. Mysore.

6. Berger, P. L. & Luckmann, T. 1967, *The Social Construction of Reality: A Treatise in the Sociology of Knowledge*. Anchor Books, New York.

7. Foucault, M.,2001. *The Archaeology of Knowledge.* Routledge, London.

8. Hiiemäe, M. 1988. *Emand kaseladvas.* Eesti Raamat, Tallinn.

9. Hiiemäe, M. 1999.*Rahvajutte Maarja-Magdaleena kihelkonnast: materjale rahvajutusta- jatele.* Rahvakultuuri

Keskus, Tallinn.

10. Hurt, J. 1989. *Mida rahvamälestustest pidada. Artiklite kogumik.* Eesti Raamat, Tallinn.

11. Löfgren, O.1989. *The Nationalization of Culture*, Ethnologia Europaea 19（1）.

12. Loorits, O.1990. *Eesti rahvausundi maailmavaade.* Perioodika, Tallinn.

13. Thompson,S.1955-1958. *Motif-Index of Folk-Literature: A Classification of Narrative Elements in Folktales, Ballads, Myths, Fables, Medieval Romances, Exempla, Fabliaux, Jest-Books and Local Legends.* Revised and Enlarged Edition. Rosenkilde and Bagger, Copenhagen.

14. Peebo, K. & Peegel, J. 1989. *Igal puul oma juur. Murdetekste Jakob Hurda kogust.* Eesti Raamat, Tallinn.

15. Raun, T.U. 1991. *Estonia and the Estonians.* Second Edition. Hoover Institution Press, Stanford University, Stanford, California.

16. Remmel, M.-A. 2004. *Arad veed ja salateed. Järvamaa kohapärimus*. Eesti Kirjandus muuseum, Tartu.

17. Tangherlini, T.1994. *Interpreting Legends: Danish*

Storytellers and their Repertoires. Gar land Publication, New York, London.

18. Tangherlini, T. R. 2007. *Rhetoric, truth and performance: politics and the interpreta tion of legend*, Indian Folklife. A Quarterly Newsletter from National Folklore Support Centre 25.

19. Jauhiainen, M.1998. *The Type and Motif Index of Finnish Belief Legends and Memo rates.* Folklore Fellows' Communications 267. Suomalainen Tiedeakatemia, Helsinki.

20. TMI=Valk, Ü.2001. *The Black Gentleman: Manifestations of the Devil in Estonian Folk Religion.* Folklore Fellows' Communications 276. Suomalainen Tiedeakatemia, Helsinki.

附录二
爱沙尼亚民俗学术语手册

前　言

董晓萍

当代民俗学正在走向国际民俗学的研究。研究国际民俗学，需要各国民俗学者对彼此之间的民俗学增进了解，建立多元而又能彼此对话的民俗学专业术语系统。编制民俗学术语手册，正是开展这方面工作的一种尝试。

这本《爱沙尼亚民俗学术语手册》的编制，主要根据本书的英文原著作者、爱沙尼亚民俗学者于鲁·瓦尔克在原著的各节中所引用的学者姓名、民俗学概念、术语、故事母题专有名词、田野调查个案点的地方用语和作者重点解释的专有词等综合汇集而成。这类词语，原来分散在作者所在国家民俗学和相关学科的学术著作中，被记录于彼国的书面文本、口语文本和田野研究报告中，多层含义、动态生存。如果没有统一的资料组织原则和学术标准是没法将它们编在一起的。它们的意义，由于记录者和使用者的目的不同、所处历史年代不同、传承方向不同、社会功能不同，没有统一和固定的解释，原来是散沙一片的。现在能够将它们编为一册，是因为作者在本国民俗学的历史研究、专题研究、田野个案研究和国别比较研究中，在参与爱沙尼亚高校民俗学的学科建设中，已经运用现代民俗学理论，吸收相关学科的研究观点，使用现代人文科学方法，对它们加以反复使用，使它们能围绕研究者的资料组织原则、使用标准和学术目标形成了一个专业术语网络。总之，它们由于作者的科学运用，拥有了民俗学术语的属性，这也为本手册的编纂提供了条件。

从译者的角度说，作为作者的国际民俗学同行，翻译和使用这种术语也有借鉴意义，因为它们都已经过本国民俗学学者的资料梳理和基础研究，得到过个案研究的检验，在民俗学的本土研究和跨文化研究中结成了一个互为支撑的系统，具有提升本国民俗学地位的学术特质，故值得关注。除了译者，其他国家的民俗学同行阅读这本爱沙尼亚民俗学者的著作，对照他的这些专业术语，也有助于认识爱沙尼亚民俗学史和民俗学史，增广爱沙尼亚民俗知识，并在一定程度上亲近爱沙尼亚人民和社会文化。

编制这本手册的另一个目标，是要通过作者的研究成果说明，从事国际民俗学的研究是需要高超的跨文化、跨文本和跨语言的能力的。在本手册中，作者所标注的引用大量学术著作和田野作业用语的出处，译者均已用方括号标出，如【爱】指爱沙尼亚语，【德】指波罗的海德语，【芬】指芬兰语，【俄】指俄语，【英】指英语，【印】指作者的田野资料来源为印度阿萨姆邦的印地语。对这类词条的描述，译者从原著中提炼观点，经过与作者对话，再重新加以简述。译者的目标，是展示作者掌握多语种的能力，传达作者本人对爱沙尼亚民俗学的解释，体现作者使用欧、美、亚多国资料开展研究的成果特征。

本手册的排序方法是，以中文译文为词头，以该中文字词的汉语拼音为序，进行词条编排。对于相同拼音字母词条，按照学者、学术史、专业术语、书面文献、口语文本、田野作业用语的顺序，分别进行编排。对于原著征引学术著作和重要历史文献的出版年代，均用圆括号表示，如（1905），是指该条中的著作、手稿和档案的出版年代为1905年。

编制国别民俗学术语手册是首次进行的工作，肯定会有种种不足，译者希望在与爱沙尼亚民俗学者的合作中加以改进，继续探索前行。

A

阿兰·邓迪斯（Alan Dundes，1934—2005）

【英】美国民俗学家。20世纪90年代提出国际民俗学的观点（《国际民俗学》，1991）。

爱德华·伯霍和（Eduard Bornhöhe，1862—1923）

【德】爱沙尼亚作家。创造了历史叙事作品，叙述古代爱沙尼亚民族影响为国家自由而战的浪漫故事和英雄探险事迹，代表作有《复仇者》（1878）和《卫卢之战》（*Villu's Battles*，1889）等。

爱德华·维夫罗斯·卡斯特罗（Eduardo Viveiros De Castro）

【英】自然—文化协调论者。认为以往西方人信奉自然与文化分离的观点，但用这种观点解释非西方人的宇宙观并不适用。对美国南部的印第安人自然文化观作了研究，构建了一套透视主义理论。按照这一理论，动物与精灵通常会将人类看成动物（作为猎物），动物（作为猎物）又会将人类看作精灵或兽类的同类（肉食动物）（1998）。参见“透视主义理论”。

爱沙尼亚传说（Estonian legends）

传说，指一种小型叙事文本，描绘在日常生活的情境中，人与超自然物（精怪、神灵、魔鬼、魔法等）相遇所产生的一系列故事。传说也是一种经典民俗体裁，在一些国家中还阐释为国家共享文化财富（如爱沙尼亚）。

爱沙尼亚化（estonianised）

指在爱沙尼亚民俗学中，以及在爱沙尼亚国家意识形态建设中，是包容各种文化的。又指对爱沙尼亚民俗进行再解释和再评估，使之成为爱沙尼亚全民族和全国家的精神遗产和文化财富。

爱沙尼亚民间笑话（Estonian Folk Jokes）

笑话是经典民俗体裁，传统民众的幽默，在安蒂—阿尔奈—尤瑟的故事类型（Aarne-Thompson-Uther tale types，ATU）中，被编入1200—1999号。爱沙尼亚民间笑话极富地方文化和社会风情，经过当代民俗学者的研究与阐述，它们已成为爱沙尼亚国家遗产的组成部分。

爱沙尼亚庆典活动（celebrating Estonianness）

爱沙尼亚有很多自己的节日，如独立战争勇士纪念日（1月3日）、母语日（3月14日）、施洗约翰节或仲夏节（6月23和24日）、部落日或芬兰—乌戈尔族人日（10月15日）等。在这类节日庆典活动中，举行爱沙尼亚人认为有特色的、有价值的活动，展现爱沙尼亚人的文化期待。

奥古斯特·威廉姆·霍佩耳（August Wilhelm Hupel，1737—1819）

【德】爱沙尼亚启蒙思想家。重要著作有《利沃尼亚与爱沙尼亚地理历史概况（1774—1782）》。

奥斯卡·卢里兹（Oskar Loorits，1900—1961）

【爱】爱沙尼亚民俗档案馆首任馆长，研究爱沙尼亚和利沃尼亚民间信仰的学者。曾在档案馆的民俗学基金中设立系统整理和出版民俗资料计划。

B

巴赫金（Mikhail Bakhtin，1895—1975）

【俄】俄国学者。在文化研究的多个领域，包括人类学和民俗学都取得了重大成就，其核心学说是“对话”理论。

班纳苏拉（Banasura）

【印】印度阿萨姆邦神话中的苏尼特浦尔（即今提斯浦尔）一带的国王。是印度教的主神之一，在与毗湿奴的交战中失败，从此臣服湿婆。

鲍曼（Richard Bauman）

【英】美国民俗学家、人类学家。20世纪80年代提出表演理论。

被叙述事件（narrated events）

【英】鲍曼的表演学说中的工具概念。参见“鲍曼”。

本尼迪克特·安德森（Benedict Anderson）

【英】提出了大众媒体与民俗体裁共生论。指出，在19世纪各国建立民族国家的进程中，报刊和小说平行传播，在赋予民族国家新形象和共同体方面发挥了作用。其中，小说与民俗体裁在复调与对话的性质上共享相同的建构模式（1991）。

本努德哈·拉吉可霍瓦（Benudhar Rajkhowa，1872—1955）

印度阿萨姆邦民俗学者和作家，代表作《阿萨姆的妖怪学》(1905)是本地学者研究麻涌魔法医疗民俗的早期著作。

比哈尔人(Biharies)

【印】印度阿萨姆邦信奉本地宗教的原住民。

波多人(Bodo)

【印】印度阿萨姆邦信奉本地宗教的原住民。

波罗的海德语(Baltic German)

【德】迄至19世纪后期，爱沙尼亚地主贵族和上层精英使用的语言，区别于爱沙尼亚乡村农民讲的爱沙尼亚语，并据此划分种族和社会阶层。

布拉马普特拉河(Brahmaputra River)

【印】印度阿萨姆邦境内的一条河流。

布鲁诺·拉图尔(Bruno Latour)

【英】布鲁诺·拉图尔认同爱德华·维夫罗斯·卡斯特罗的观念，认为西方人对自然与社会/文化(人与非人)的二元论思想是人为构建的世界观(1993)。

C

查尔斯·布里格斯（Charles Briggs）

查尔斯·布里格斯与鲍曼联名发表《体裁、互文性和社会权力》一文，将巴赫金理论用于民俗学研究，提出民俗体裁研究新分支（1992）。参见“鲍曼”。

超自然经历（supernatural experience）

超自然经历，指发生在真实生活中的一种心理层面的传说和构建这种传说的灵感资源。在共享某种信仰传统和民间宗教的人们中间，他们讲故事，不仅仅是出于自娱或娱神的目的。其中某些人，在他们认为自己遇到超自然力量时，也会产生超越常人的人生经历。一些个人经历会产生新故事，传统故事也会从人类思维方式上提供类似的素材，或者说，是生活中现实社会的通灵者，使用超自然经历者的传统知识，在他们自己叙述的传说中，演绎他们的传奇个人经历。

传统参与者的群体认同（group identity of the tradition participants）

传统参与者，是指创造、分享和传承传统的个体集合体。在这种社会结构中，人们被共同的传统联系在一起，并将这种传统世代相传，他们围绕传统结成一个群体，他们本身就是自我认同的重要因素［根据阿兰·邓迪斯对民俗学中的“民众（folk）”的定义，“民众”是一种能够共享某种传统，并受这种传统驱动的小群体］。

词语交流（verbal communication）

此指各种以语言为媒介进行人际互动的活动。包括口语交流和书面交流。

词语交流中的伴随知识（generating related knowledge in verbal communication）

此指在口语和书面交流中，人们分享知识和文化传统，例如民俗，在词语互动的连续过程中加强彼此之间的联系。知识不是普世的和经久不变的，但知识属于其所产生的特定历史时期的社会与文化、环境和结构系统，存在于这种关系中。

催眠术（jādu）**或催眠术 / 幻术**（bhelekī [hypnosis/ illusion]）

此指印度阿萨姆邦的魔法治疗师将患者带入梦境幻觉的治疗过程。

D

戴尼（Daini）

【印】印度传说中的妖精助手。

杜尔迦和迦利神（Pan-Hindu Durga and Kali）

【印】印度阿萨姆邦泛印度教的神灵。

对话理论（Dialogism）

【俄】巴赫金经过对欧洲历史上相同语境内产生的文学体裁进行研究所指出的理论。该理论提出了一系列概念，包括独白、复调、杂语、制造神话的史诗、小说运动、知性的多元化，以及互文性研究方法论等，对20世纪60年代以后人文社会科学的研究产生了重大影响。

F

菲利普·德斯科拉（Philippe Descola）

【英】人类学者，提出本体论的结构学说。他研究人类与自然界的相关性，认为在万物有灵论者的本体论中，植物、动物与其他实物环境中的元素，都会赋予自身一种主体性。人与人之间关系的不同种类也都是以物质化的实体方式保留下来的，人与非人之间有着内在相似的心理倾向性，这样非人也会被赋予社会性的特征（2011）。

弗里德曼·雷霍德·柯卢兹沃德（Friedrich Reinhold Kreutzwald，1803—1882）

【德】爱沙尼亚讲波罗的海德语的德国民族志学者，诗人、作家、医师，爱沙尼亚资深学者学会会员，弗里德曼·罗伯特·法尔曼的继任者。主持编辑和出版《卡列维伯格》史诗的学术性版本（1857—1861），爱沙尼亚语与德语双语版。

弗里德曼·罗伯特·法尔曼（Friedrich Robert Faehlmann，1798—1850）

【德】爱沙尼亚讲波罗的海德语的德国民族志学者。爱沙尼亚资深学者学会会员，作家兼药剂师。在塔尔图大学接受教育，研究爱沙尼亚史诗人物卡列维伯格的传说。

福柯主义（ the Foucaultian）

此指法国学者福柯的理论思维方式。福柯（Michel Foucault，1926—1984），是西方最有影响的后结构主义哲学家和思想史家之一。

复调词语（double-voiced word）

巴赫金最早从对话理论的角度提出了“复调词语”的概念。他指出，直接的、未经中介处理的话语（直接引语），与对前人说话方式进行处理和再生产的话语（间接引语），在两者之间存在着差别，他将后者称为“复调”（double-voiced）。根据巴赫金的理论，传统的和口头文本的体裁都能促成从社会运动的角度使用语言，民俗和口语文化在很大程度上都是复调文学。

G

伽莫萨（gāmosā）

【印】印度阿萨姆邦麻涌人虎变形民俗的一个步骤，指对一条印度披肩念咒语，让它获得魔力。等到老虎需要变回人形时，要用它配合，同时念咒语，这样老虎就能恢复人的原形。

古代文化财富（ancient treasures）

爱沙尼亚民俗学者所指是一个隐喻和价值化的表述，是与一种对民族精神财富的理解。它从古老的社会流传至今，还伴随时代的发展而发展。

古瓦哈提（Guwahati）

【印】印度阿萨姆邦的几个女神崇拜圣地之一。

故事世界与社会现实（storyworld and social reality）

故事世界是故事讲述人通过叙事所描绘的世界，或者是在叙事过程中被激发起来的想象世界。这个世界是故事讲述人生活在他们自己的世界中的世界，有时也代表着一个真实的、物质化的和社会的世界。这里有两种不同的情形：一是故事讲述人的叙事借自于空想的和艺术的创造力，然后将故事世界与社会现实混为一谈；二是故事讲述人把故事世界中的想象世界和社会情境区分为两个层面的事物，他们将想象的世界放在一边，将社会情境放在另一边，而社会情境代表人们的真实日常生活。

国家资源（national resource）

此指民俗被使用为国家化的、发展中的文化资源（通常是用专业术语的形式）。民俗也经常被概念化为国家认同的遗产或文化符号。

H

赫德尔（Johann Gottfried von Herder，1744—1803）

德国浪漫主义思潮的奠基人，与维柯（Giambattista Vico）共同创造了“民俗”的概念。其思想后来被格林兄弟继承和发展，使民俗研究成为一门学科，并为民俗学的学科建设奠定了基础。参见“维柯”。

虎人（were-tigers）

【印】印度阿萨姆邦麻涌乡村对人变成的老虎的称呼。

虎人民俗（Were-Tigers in Mayong）

【印】印度阿萨姆邦麻涌乡村古代流传人虎变形民俗的统称。

互文性间距（intertextual gap）

鲍曼和查尔斯·布里格斯（Richard Bauman and Charles Briggs）最早提出这个概念，指在民俗体裁用语中，对于前人的表达套式和表演模式，加以艺术化地再利用，以及利用的方式和程度。新的表演可以模仿前人的模式，也可以大相径庭：即循规蹈矩的临场即兴，或者不拘一格的逆反发挥。“互文性间距”的概念，就是指新的文本系统与前人的先例和通用模式之间的关系。间距越宽，表演（和文本）所呈现的创造性就越大；间距越逼仄，表演者就会越小心翼翼地模仿传统，不敢越雷池一步。

互文性视角（intertextual perspective）

此指所有文本都有相关性，都会在具体使用的上下文表现出彼此之间的联系。民俗学的文本研究，应该通过考察上下文，揭示文本在各种文本化的过程中的复杂关系。

J

基督教的魔鬼学（Demonology of Christianity）

此指由基督教教义衍生的魔鬼学。在基督教的教义中，魔鬼是撒旦，他因反叛上帝，与一批坠天使带着原罪降落人间。在民间传说中，撒旦手下有一批精怪小喽啰与之为伍，他们通过魔法帮人致富，也惩罚恶人。

加莱博·默克尔（Garlieb Merkel，1769—1850）

【德】爱沙尼亚启蒙主义思想家，讲波罗的海德语的知识分子。在19世纪初的10年，他受到爱沙尼亚本土学者的欢迎，被引进塔尔图大学执教，带来启蒙主义和浪漫主义的新思潮。他把所有国家生存权利平等的观点写进他的著作。

迦摩缕波（Kamarupa）

【印】印度教的发祥地之一。位于印度东部的阿萨姆邦。

嘉莱伯·荷尔文格·马克（Garlieb Helwig Merkel，1769—1850）

【德】19 世纪初叶爱沙尼亚讲波罗的语的德国学者，爱沙尼亚启蒙主义思想家，讲波罗的海德语的知识分子。在 19 世纪初的 10 年，他和其他讲波罗的海德语的知识分一道捍卫爱沙尼亚农民的权利，提出废除农奴制，受到爱沙尼亚本土学者的欢迎，被引进塔尔图大学执教，带来启蒙主义和浪漫主义的新思潮。他还把各民族权利一律平等的观点写进个人著作。

芥末油（mithātel）

【印】印度阿萨姆邦麻涌人虎变形民俗的一个步骤，指在香蕉叶上涂抹芥末油。

经文医疗（mantras practices）

【印】印度阿萨姆邦麻涌民间医疗方式之一。

局内群体（in-groups）

此指由于某些社会因素的认同结成的群体。民俗学者使用这个概念的目的，是对认同的内部结构开展研究。

局外群体（out-groups）

此指与“局内群体”结构相对的他者群体。在某种情况下，这个群体会被妖魔化，说成是不能与内部成员共享价值观、语言、生活方式和宗教等的陌生人。

K

卡尔比人（Karbi）

【印】印度阿萨姆邦信奉本地宗教的原住民部落。

卡丽娜·高斯基（Kaarina Koski）

【爱】爱沙尼亚民俗学家。她对叙事世界与真实世界之间的距离和距离如何被讲述活动加以调整做过深入研究，认为故事讲述人本身强调所叙述的是社会现实，故事中的超现实和戏剧化成分越多，日后就越可能被转化为社会现实情节。故事讲述营造了“有距离的故事世界”，有距离的故事世界、故事讲述人和听众三者所处的时空环境也许相距甚远，但也正是这种故事，既带有传奇和幻想色彩，又始终未与现实世界和民俗信仰发生分离（2008）。

卡玛可雅庙（Kamakhya temple）

【印】印度阿萨姆邦的神庙。

卡米拉·阿斯普朗德·因基马克（Camilla Asplund Ingemark）

芬兰民俗学家。出版了研究魔鬼学的专著《魔鬼的体裁》（2004），对传统的超自然创世说中的神祇进行了讨论。

柯里斯简·雅克·皮特森（Kristjan Jaak Peterson，1801—1822）

【爱】19世纪爱沙尼亚诗人，毕业于塔尔图大学哲学和神学专业，发表过大量使用神话传说的著名诗篇。

科奇人（Koch）

【印】印度阿萨姆邦信奉本地宗教的原住民部落。

可信性资料（factual data）

此指客观性、经验性的知识，可以被重复验证，或者被推理验证。

克哈西人（Khasi）

【印】印度阿萨姆邦信奉本地宗教的原住民部落。

克齐—克哈提（Kechai-khati）

【印】印度阿萨姆邦本地的神灵。

库尔德密宗传统（the traditions of *kaula* tantra）

【印】印度阿萨姆邦的宗教信仰。

L

莱特鲁（Leteru）

【印】麻涌古代传说中虎人的姓名。

劳里·航克（Lauri Honko，1932—2002）

芬兰民俗学家。20 世纪 90 年代中期发表了重要文章《文化认同和种族生存策略中的传统》（1995），此文被国际民俗学界公认为是研究民俗、传统与现代关系的开辟之作。

劳特·塔尔卡（Lotte Tarkka）

芬兰民俗学者。研究芬兰乡村和教区歌曲的曲目与互联网歌曲文本的重叠率，批评对互联网中出现的传统民俗文本简单化研究的倾向，提出“文化现实并不存在于文本的‘背后’或‘周围世界’，文化现实是在文本生产的过程产生的”（1993）。

M

麻涌（Mayong）

【印】印度阿萨姆邦一个以魔法治疗闻名的乡村社区。

马里加昂区（Marigaon district of Assam）

【印】印度阿萨姆邦的一个区，下辖麻涌。

孟加拉人（Bengalis）

【印】印度阿萨姆邦信奉本地宗教的原住民部落。

米迦勒（Miikael）

《圣经》中的天神。

米克尔人（Mikir）

【印】印度阿萨姆邦信奉本地宗教的原住民部落。

民俗学的互文性方法（Intertextual approaches in folkloristics）

互文性方法是民俗学方法论中重要的研究方法。此指任何文本都处于自文本与他文本和他文本背后的外来文化（the given culture）的循环往复的交流中。民俗学的互文性研究，是从对多元民俗的文本研究和大量的异文研究开始，逐渐发展到对广义的文化文本的环境研究、话语差异性的研究等，这些研究都在改变民俗学者对“民俗”含义的认识。

民众风格（folk style）

又称民俗风格，是关于表达的再认识模式。是一种表达模式，由交流的语境、体裁、体裁的功能和信息传播方式等所决定，它在交流中扩散，目的是维护传统。

民族运动（national movement）

此指在基层社会、文化和政治运动中，民俗对于民族凝聚和国家巩固所起到的工具作用。它属于意识形态范畴，具有意识形态化的视角。在建立国家认同的过程中，民俗也是一种文化资源。民俗学的研究和相关运动还曾导致独立国家的建立，爱沙尼亚、芬兰、拉脱维亚和其他一些国家都曾有这样的历史进程。

魔法治疗（magical practices）

【印】印度阿萨姆邦麻涌地区民间医疗的主要方式。

魔鬼（devil）

在基督教信仰者的世界观中，魔鬼是上帝和真正基督教徒的对立面，是邪恶势力的象征。

莫尔森和爱默森（Gary S. Morson and Cary I. Emerson）

【英】莫尔森和爱默森在所著《米哈伊尔·巴赫金：创造一种小说学（日常言语学）》中指出，巴赫金著作中所使用的“对话”一词有三层含义：一是每一种说法方式（或称“言语—行为”）都是对话；二是指某些说话方式中的那些具有特殊性质的话语，有独白和复调，传统的民俗观念与“复调”对话（或多种声音）密切相关，因为传统与“复调”都是创造性的重复。两者都有一个时间维度（指向过去）。模仿作为一种体裁总是复调的；三是巴赫金的对话概念是理解所有文化的一个普遍性的方法论原则。

N

尼泊尔人（Nepalese）

【印】印度阿萨姆邦信奉本地宗教的原住民部落。

尼拉沙尔山（Nilachal hill）

【印】印度阿萨姆邦的一座小山峰。

农奴制（serfdom）

【爱】在18世纪之前，农奴制是爱沙尼亚的经济社会制度。1816年，爱沙尼亚北方的爱斯特兰德省（Estland）废除了农奴制；1819年，南方省份莱福兰德（Liefland）也予以取消，从此爱沙尼亚农民获得了独立身份，可以进入大学接受教育。

O

欧洲魔鬼学（European Demonology）

欧洲关于信仰、魔鬼、精怪和其他超自然物的民间故事的叙事系统和研究系统。魔鬼学既指与人类世界相距很近的魔鬼世界的故事，也指对这些信仰与故事密切关联的思想、行为和仪式等从事研究与阐释的研究领域或学派，如神话学就有自己的双重含义——既指神话故事系统，也指理论上的神话学派。一般情况下，欧洲魔鬼学是在基督教教义基础上衍生而来的叙事系统和民俗学研究系统，在这两个系统中，魔鬼都是故事中的主角。欧洲各国也有从其他地方魔鬼学派生出来的许多不同的民族传统和魔鬼，不过其魔鬼与基督教教义中所描绘的魔鬼大不相同。

P

皮亚提·安东尼（Pertti Anttonen）

民俗学研究学者。出版《穿过现代的传统》（*Tradition through Modernity*，2005）一书。他提出，“现代”与“传统”两个概念看似矛盾，其实有内在的统一性。

普拉宾·赛奇雅（Prabin Saikia）

【印】印度阿萨姆邦麻涌地区故事讲述人，其家族世居麻涌，其人和姑父都是当地小有名气的治疗师。于鲁·瓦尔克曾在麻涌访谈其人。

Q

起源传说（etiological legends）

世界大扩布民俗体裁，用于解释世界的起源、世界居民和万事万物的由来。其解释既是自然的，也是文化的。在基督教民俗的解释中，上帝与魔鬼共同创造了世界，所以世界是不完美的。

乔治·朱利亚·伯特伦（Georg Julius von Schultz-Bertram, 1808—1875）

【德】讲波罗的语的德国学者。他从修辞学的角度发表了一篇有关历史性的演讲，提出了爱沙尼亚人的未来问题。

R

人兽变形民俗（human-animal transformation in folklore）

此指从人到兽类或从兽类到人的外形变化，是世界大扩布民俗中的常见母题，属于民间故事中的自娱体裁，一般不被当作真实存在的事实。但在有些文化的虔诚信仰者及其叙事传统中，也对人兽变形民俗信以为真。

民俗学者的问题是，在什么程度上这类变形是一种梦幻般的空想？是否这种梦幻传达了现实生活中的其他的、被掩盖的信息？或者这是一种身体上的变形民俗？或者是在民俗中和下层文学中谈论的主要话题？

日常现实（everyday reality）

此指日常生活世界。民俗学者使用时与故事叙事活动中的世界相区别。故事叙事的世界大都是由空想和幻想塑造的，日常现实是与人类生活中的超日常事件，包括超自然的经历，相对而言的。

S

撒旦（Satan）

基督教《圣经》中的天神，因反叛上帝，被上帝将他和他的伙伴逐出天庭，从此撒旦成为人间最大的恶魔。

商羯罗提婆（Sankaradeva，1449—1569）

【印】印度神学学者，曾对阿萨姆邦的宗教和乡村社会进行改革。

社会导向（social orientation）

民俗学者使用“社会导向”的概念，指投入社会运动，参与塑造新的人际关系和社会实现的活动，而民俗本身既能美化具体社会，也能表达反抗的社会意识，还能加入重要社会变迁的准备活动，形成社会动员力量。

社会分层（social stratification）

根据财富、社会地位和社会权力的差别，划分社会结构的差别，分析社会阶层化的倾向。在爱沙尼亚的历史上，在某些历史时期，社会结构保持了相对的稳定性；在有些历史时期，发生急遽的社会变迁，产生了新的社会阶层，如爱沙尼亚农民于19世纪摆脱农奴制，购买土地和房屋，发财致富。

社会资本（social capital）

法国社会学家和人类学家布迪厄（Pierre Bourdieau，1930—2002）提出的概念。民俗学者所关注的，是在这一概念中所含人们可以在控制相互关系网络的过程获得的资源与利益，也可以理解为国家遗产资源，在社会变迁和社会发展中加以利用。

湿婆（Siva）

【印】印度阿萨姆邦人大多奉行湿婆崇拜，当地流传湿婆经常变成人的伙伴或配偶的故事。

斯蒂斯·汤姆森（Stith Thompson，1885—1976）

【英】美国民俗学家，代表作有《民间文学母题索引：关于民间故事、歌谣、神话、寓言、中世纪浪漫故事、训诫故事、笑话和地方传说的叙事要素分类》（1955—1958）。

T

汤姆森（William Thoms，1803—1885）

【英】提出"民俗"一词，指古老的文化事象，包括礼仪、风俗、行为惯制、迷信、歌谣和谚语等。

特伦思·兰格（Terence Ranger，1929—2015）

参见"伊雷克·霍伯斯勃姆"。

提瓦人（Tiwa）

【印】印度阿萨姆邦信奉本地宗教的原住民部落。

体裁（Genre）

民俗学的基本概念。民俗学者将之划分为两类，一类是民间文学中的韵文类作品，如民歌；另一类是民间文学中的散文作品，如文化英雄传说和魔法故事。近年民俗体裁的分类说有了很大发展，形成了民族志分类、民俗史分类和跨文化对话类等。

体裁分类（the category of genre）

民俗学对民俗体裁的研究可以分为两类。第一类，经验性的民俗体裁研究，指将体裁视为一个民俗事象，一种文本表达形式。第二类，理论性的民俗体裁研究，指将体裁视为元范畴的精神类目，是能将民俗理论化的工具性概念，这里的范畴正是指这种能将具象抽象化的概念。

同质阶级（homogeneous class）

此指拥有共同精神要素和共同实体的等级未分化人群或个体的集合体。现代大量经验数据的分析表明，对文化形式的同质本质的判断，似乎是一种错觉，就连民俗这种具有同质表征的文化，也通过无穷的变异，显示了相当高程度的差异性。

透视主义理论（the theory of perspectivism）

爱德华·维夫罗斯·卡斯特罗（Eduardo Viveiros De Castro）提出了透视主义理论，认为西方学者需要重新认识人类、动物与精灵看待自我与他者的方式。他指出，在有些非西方文化中，自然与文化是不分开的，两者处于未分离的状态（1998）。参见“爱德华·维夫罗斯·卡斯特罗”。

托马斯·唐和里尼（Timothy Tangherlini）

北欧民俗学者。研究 19 世纪的丹麦传说，提出研究传统需要考察政治、社会、经济、地理、政治和心理诸因素的影响（1994）。

W

瓦尔特·安得森（Walter Anderson，1885—1962）

【爱】爱沙尼亚首位荣膺民俗学教席的教授。1919 至 1939 年在塔尔图大学执教，后来去了德国。他在执教期间，从语言学的角度研究民俗文本和档案。他还有广泛的学术兴趣，从童话故事比较到爱沙尼亚民歌的民间诗学的研究，从儿童传统到民俗学理论，靡不涉猎。

万物有灵论（ontology of animism）

此指赋予万物以变形的能力，各种变形物又都具有内在相通的特点。

维柯（Giambattista Vico，1668—1744）

他和赫德尔（Johann Gottfried von Herder）最早提出了“民俗”的概念，是在欧洲 18 世纪启蒙主义思潮和历史哲学的基础上形成的。参见“赫德尔”。

文化的民族化（the nationalization of culture）

瑞典民俗学者奥尔瓦·洛夫格伦（Orvar Löfgren）提出文化的民族化的学说。他认为，文化的民族化是一个文化转型的过程；本土文化中的部分要素，通过这个过程，转化为国家文化符号。在这一过程中，要创造国家标准语言和公共范畴，为人们提供实现国家认同的资源和空间，同时要使这种国家认同得到发展。

X

谐虐（parody）

【俄】谐虐，巴赫金小说理论中讨论的民俗体裁的一种风格。

信仰丛（cluster of beliefs）

此指民俗体裁与民俗信仰相关联的三个概念：魔鬼、原罪和死亡。出自基督教教义。三者也通常成为故事的三个母题。

信仰叙事（belief narratives）

民俗学的概念，指能够产生具有真理性问题的所有叙事类的民俗体裁。任何超日常经验的故事都能被看作是真事或编造，诗性的幻想或造谣，例如，神话传说中的超自然叙事、口述史和个人经历叙事等，都被说得栩栩如生、眼见为实（当然也会让人半信半疑），它们都属于这个研究范畴。

血书合同（a blood contract）

【爱】一种爱沙尼亚传说，指人割破手指，用手指上的滴血写一份契约，交给魔鬼，这时的人血，象征人的灵魂，也可以说是人的寄魂物。魔鬼拿到了这份契约，就等于与人签订了正式合同，人就能从魔鬼手上买到一个妖精助手。爱沙尼亚民俗信仰认为，在魔鬼向人类索魂，将之送入地狱之前，这种血书合同是有用处的，它能给人带来财富、魔法能力或其他种种好处。不过，在爱沙尼亚民俗中，魔鬼也喜欢捉弄人、好要小聪明，有的丧失了控制契约人的法力。

Y

雅各布·霍特（Jakob Hurt，1839—1907）

【德】19世纪爱沙尼亚民俗学者、牧师。1888年，他向全国各报纸读者发出倡议，请他们将所在地区的故事写下来。

妖精（demons / demonic assistant spirits /kratt，puuk ）

【爱】在爱沙尼亚故事中，经常提到本地妖精助手，人称“普客”（kratt，puuk）。它从邻家偷盗财物，带回主人的家，帮助主人致富。

伊雷克·霍伯斯勃姆（Eric Hobsbawm）

伊雷克·霍伯斯勃姆与特伦思·兰格（Terence Ranger）出版合著的《传统的发明》一书，是20世纪后期在民俗学界影响很大的著作（1983）。他们在书中提出，民俗是一种依赖于传统的文化现象，对民俗学研究来说，“传统”是一个十分重要的概念，这本书改变了民俗学者对传统的看法。

有距离的故事世界（the distant taleworld）

【爱】/【芬】芬兰民俗学者卡丽娜·高斯基（Kaarina Koski）提出的概念，指想象性叙事世界与真实世界是有距离的，要以故事所反映的社会现实为问题，以故事所强调的“这里”和“现在”为出发点，开展民俗学研究。在故事叙述的范畴中，近距离的故事世界是现实的，是与远距离的创世神话时间和遥远地点的想象相反的，不过远距离的故事世界的空想或幻想成分又往往起支配作用。这正是故事叙事的二元性，它民俗信仰始终粘连，未曾发生分离。

阈限空间（liminal space）

故事学使用的术语，指在故事世界和社会现实之间创造的阈限空间。

Z

治疗师（local healers）

【印】印度阿萨姆邦麻涌一带本地民间医师。多出于世袭，与使用密教坦陀罗咒语的半职业巫师一起从事魔法治疗活动。参见“魔法医疗”、“经文医疗”、“咒语医疗”。

咒语（mantra-puthi）

【印】指印度阿萨姆邦麻涌一带记录咒语治疗仪式过程的民间书籍。一般是手抄本，掌握在村落治疗师和魔法师手里。

咒语医疗（charming practice）

【印】印度阿萨姆邦麻涌一带民间魔法治疗中各种使用语言力量治疗患者的总称。咒语医疗活动中，诵念咒语是与使用其他仪式物品、辅助性的法器和某种操纵活动共同进行的，被认为具有魔法的灵验性，能达到治疗的效果。

朱莉娅·克里斯托娃（Julia Kristeva）

朱莉娅·克里斯托娃最早将巴赫金的对话学说介绍给法国读者，并从中提取“互文性”（intertextuality）的概念（1966），引起了广泛关注。

朱砂条纹（sindur）

【印】印度阿萨姆邦麻涌一带人虎变形民俗的一个步骤。指用红色的朱砂在香蕉叶上涂抹，让香蕉叶远远看上去像老虎皮，以备虎人使用。

自然主义本体论（ontology of naturalism）

此指西方流行的与万物有灵论相对的观点，认为人是独立的，在本质上说，人的肉体、各种器官，都与动物没有什么差别，但人在智力上和道德上拥有丰富的能力，成为自然界的优等物种。菲利普·德斯科拉认为，这是将“世界上的物质连续性与它们内部系统的物质加以中断”的结果（2013）。

自正律（law of self-correction）

【爱】爱沙尼亚民俗学者瓦尔特·安得森（Walter Anderson，1885—1962）提出的关于总体性叙事传播规律的概念。他在研究口头故事的传播中提出：民俗中十分复杂的故事叙事情节如何能在长时段的历史获得稳定的传播？他通过研究指出，人们最初从不同资源渠道获得相同的故事，并产生了有关故事的基本情节的观念，但故事讲述人扮演了另一种角色，他们尽量维护故事情节的某种“标准”写本或再写本的说法，所以故事尽管在各地传播，但变化不大。